Sächsisch für Anfänger

Langenscheidt

München · Wien

Langenscheidt
Sächsisch für Anfänger
Herausgegeben von der Langenscheidt-Redaktion

Autor: Thomas Nicolai
Co-Autor: Tobias Saalfeld
Lektorat: Barbara Kreißl
Projektleitung: Andrea Freier
Redaktion: Claudia Renner
Layout: Volk Agentur + Verlag, München
Illustrationen Innenteil: Michael Kops
Corporate Design Umschlag: KW43 BRANDDESIGN, Düsseldorf
Umschlaggestaltung: Volk Agentur + Verlag, München

Bildnachweis:
Alle Bilder aus Shutterstock, Ausnahme S. 36: StockFood / Eising Studio

Cover:
Bierdeckel: Thinkstock/seewhatmitchsee
Hopfen: Thinkstock/Epifantsev
Semperoper: Thinkstock/paulrommer
Tischplatte mit Tuch: iStock/MarianVejcik
Sächsische Schweiz: Thinkstock/Petroos

www.langenscheidt.com

Satz: Volk Agentur + Verlag, München
Druck und Bindung: Druckerei C. H. Beck, Nördlingen

ISBN 978-3-468-73939-2

18010

Inhalt

Vorwort

Wer nach Sachsen reist, stellt sehr schnell fest: Der Sachse ist warmherzig, ausgesprochen freundlich, höflich, hilfsbereit, lustig, verschmitzt, gesellig, gastfreundlich, offen und sehr kommunikativ. Mit einem Sachsen ins Gespräch zu kommen ist nicht schwer – ihn zu verstehen umso mehr. Dabei bezieht sich das Verstehen nicht auf das, was er sagt, sondern wie er es sagt.

Mit diesem Buch haben Sie die Chance, vom Outsider zum Insider zu werden. Richtig angewandtes Sächseln wird Ihnen viele Herzen und Ohren öffnen.

Auch zuhause können Sie bei Ihrer nächsten Party von den neu erworbenen Fähigkeiten profitieren: Ihre Sprachbeherrschung wird alle sowohl verblüffen als auch erheitern.

Beeinflusst durch Medien und schlechte Imitatoren glauben viele Menschen, ein bisschen sächseln kann doch jeder. Doch werden Sie relativ schnell feststellen, dass für echtes Sächsisch hohe Vokabel-Kenntnis und vor allem die richtige Aussprache unabdingbar sind.

Hier sind drei Tipps, die Ihnen die ersten Schritte des Sächsischen sehr vereinfachen werden:

Erstens: die Kiefer-Grundhaltung. Der Unterkiefer sollte möglichst locker hängen, damit die Worte quasi einfach rausfallen können.

Zweitens: Die Weichen besiegen die Harten. Sächsisch ist ein weicher Dialekt – harte Konsonanten wie p, k oder t kommen nur in Ausnahmefällen vor.

Und drittens: Lesen Sie sich die Vokabeln aus diesem Buch laut vor. Sie werden sie so schneller und mit größerem Vergnügen verstehen und lieben.

Am Ende werden auch Sie sagen: Sächseln ist Sächsy!

Ihr Thomas Nicolai

Sachsen
SACHSEN-ANHALT
BRANDENBURG
Niederlausitz
Senftenberg
Weißwasser
Hoyerswerda
Wolfen
Halle
Delitzsch
Merseburg
Leipzig
Riesa
Meißen
Radebeul
Dresden
Bautzen
Görlitz
Weißenfels
Naumburg
Zeitz
Döbeln
Freital
Pirna
Nationalpark Sächs. Schweiz
Zittau
Altenburg
Limbach-Oberfrohna
Freiberg
Chemnitz
Gera
Glauchau
THÜRINGEN
Zwickau
Greiz
Plauen
Erzgebirge
Liberec
Děčín
Česká Lípa
Teplice
Ústí nad Labem
Litvínov
Litoměřice
Most
Jirkov
Chomutov
Mladá Boleslav
TSCHECHISCHE REPUBLIK
Kladno
Praha
Hof
Elbe
Spree
Labe
A9
E51
A38
A14
A13
E55
A4
E40
A17
A72
E441
A15
E36
E67

Kapitel 1

1 x 1 des Sächsischen

Crashkurs

Guten Tag! Wie geht's?	*Gruuhss! Unn, wie isses?*
Rein in die gute Stube!	*Häng disch off!*
Wie geht es Deiner Gesundheit?	*Was machn de Gnäbberz'schn?*
Entschuldigen Sie bitte die Unordnung.	*Endschuldschnse, meine Horns'sche is ä einds'sches Guddlmuddl.*
Ich heiße Thomas.	*Isch bin dor Dommieh.*
Wie spät ist es bitte?	*Was bummsdn dor Blahnehd?*
Kommst du mit?	*Bisde dahdorbei?*
Hören sie bitte zu!	*Horsche droff!*
Jetzt mal Klartext.	*Isch saach's, wie's iss.*

Reden sie doch keinen Unsinn.	*Mache geene Mährde.*
Er ist sehr sympathisch.	*Deor is ne buts'sche Nuhdl.*
Ich habe für Sie Bonbons mitgebracht.	*Isch habbe Schnongse dorbei.*
Auf Wiedersehen.	*Machs hibbsch.*

Addsche
Abgeleitet vom französischen „Adieu“ hat der pfiffige Sachse seine bodenständige und leichter auszusprechende Variante gefunden. Der Sachse verabschiedet sich gern von guten Freunden mit: „Machs Addsche!“

Äschah!
Ach wo! Sprachwissenschaftler halten dieses Wort für eines der ältesten und daher ursächsischen Wörter, bezeichnen es gar als völlig einzigartig, da es sich in keiner anderen deutschen Mundart wiederfindet.

Aufwaschn
Hausarbeit ist für jeden Sachsen Ehrensache. „Aufwaschn“ bezeichnet die manuelle Reinigung des Geschirrs.

Babuhschn
Das sind die guten alten Hausschuhe. Zwar nicht besonders schick, aber dafür bequem und schön warm. Und mal ehrlich: Was nützen die schicksten Strümpfe, wenn man an „de Gnäbberz'schen“ friert?

Blaudse, de
„De Blaudse“ ist eigentlich der Bauch. „Da habbsch mior de Blaudse vollgehaun!“ heißt so viel wie „Ich habe sehr viel gegessen!“ Blaudse steht auch für die Brust: „Isch habbs heide off dor Blaudse!“ Allerdings sagt der Sachse nicht „Blaudsn“ zum Husten, sondern „Bällen“: „Na saache ma. De bällsd abor heide gands scheen!“

blimmerand

Hypochonder gibt es nicht in Sachsen. Hier wird gearbeitet und nicht gejammert. Dennoch kann auch dieser starke Charakter ab und zu über Unwohlsein klagen. Dann sagt er: „Heide isses mior ärchendewie schon dn gands Dahch so blimmerand dsemuhde!“ oder auch „Mior isses heide gor nisch hibbsch!“

Boddn

So heißen die Schuhe. „Was haddn där fier Boddn an?“ Ebenso gilt „de Gwanndn“.

Buchd, de

Die „Buchd“ liegt nicht am Meer, sondern ist eine sozial grenzwertige Familie. So etwa in der Art der „Flodders“ oder der Musterfamilien, die uns jeden Nachmittag bei RTL die Ohren volljammern. „Das is verlei ne Buchd!“ Alternativ geht: „äs Gesoggse“, „de Bagahsche“ oder „äs Gehoddsche“.

Buffrds'sche

Die Wohnung ist des Sachsen liebster Rückzugsort. „De Buffrds'sche“ ist die leicht verwohnte Bleibe, die gemütlich und mitunter ziemlich klein ist. Aber wie heißt es so schön: „Mei Hohm is mei Gahsl!“

behummsen

Das bedeutet: betrügen. „Der will mich behummsen!“, sagt man über Rechtsanwälte, Vertreter sowie andere zwielichtige Existenzen und „Forbreschor“. Da der Sachse ein grundehrlicher Zeitgenosse ist, macht man sich beim Behummsen schnell unbeliebt.

dahdermidd

Total umständliche Variante des Wörtchens damit. Dahdermidd wird das Gesagte noch mehr bekräftigt: „Goof den Guchen, deor schmeggd. Dahdermidd gann mor guhd in'dn Gaffee nein diddschn.“

dämmeln

Entspricht dem hochdeutschen Schlendern. Es dient der Gemütlichkeit und Stressminimierung. Schließlich ist der Sachse „gemiedlisch“ und freut sich über jede Pause. Natürlich nicht, um der Faulenzerei zu frönen, sondern um sich zu entspannen. Das ist auf jeden Fall etwas ganz anderes.

Deeds, dor

Der Kopf und/oder im besonderen Falle auch die Schädeldecke, ebenso gilt „dor Gobb“, „de Dunnsdgullor“, „dor Gärbis“, „dor Nibbs“, „dor Nischl“, „de Riebe“, „de Bärne“, „de Färns'sche“, „de Ärbse“.

Drahnduhde

Begriffsstutzig ist der Sachse nicht, aber es kommt immer wieder vor.

Drheeme

„Drheeme isses am scheensdn!“, meint der Sachse und Recht hat er. Er ist ein Kuscheltyp, der es zuhause gern gemütlich hat, weil: „Drheeme is drheeme“ – „Home, sweet home“ auf Sächsisch.

diddschn

Eine uralte Tradition in Sachsen: Zum Kaffee gibt's Kuchen, den man gut „diddschn“ kann. Besonders geeignet ist „de Schdreiselschnegge“. Nirgendwo sonst gehört das „Diddschn“ so zum sozialen Miteinander wie in Sachsen. Nirgendwo anders „diddschd“ man seinen Kuchen genüsslicher als hier. „Ja ja, mior Saggsn, sin schon ä buts'sches Felg'schen!“

In einem Café sitzen zwei Männer am Tisch. Nach einer Weile fragt einer: ***„Enschulchn Se, derfde ich mein Guchn mal in Ihrn Gaffee didschn? Meiner is nämlich alle.“***

Dieschor, dor

Meint die Tücher im Haushalt, mit denen man putzen kann: „de Schdoobdieschor“, „de Wischdieschor“ oder „de Babierdaschndieschor“, aber auch den Tiger: den „sibir'schn Diehschor“ oder den „bengal'schn Dieschor“. Manche Liebesnacht wird gekrönt vom Ausruf einer Frau, die ihren Liebsten mit den Worten „Gomm här, du Diehschor!“ anfeuert.

Drallewadsch

Durcheinander, welches den Sachsen ganz persönlich und mitunter auch körperlich treffen kann. So ruft der kränkelnde Sachse aus, wenn ihm schwindlig ist: „Mior isses heide so Drallewaddsch in dor Dunsdgullor!“

einholn

Es beschreibt nicht den maritimen Vorgang des Ankereinholens, sondern den Prozess des Einkaufens. Zu DDR-Zeiten war diese Beschreibung treffender als heute. Denn manchmal musste man das kaufen, was es gerade so gab. „Na, mior haddn doch nischd!“

Familche, de

Die Familie gilt auch für den männlichen Sachsen als zwar kleinste, aber sicherste Zelle der Gesellschaft. Da hat er seine „Muddie“ und seine geliebten „Wännsdor“, die ihn bedingungslos lieben.

fehndsen

Das bedeutet weinen oder schluchzen. Dabei unterscheidet der Sachse sehr wohl, was echtes Leid ist und was nicht. Wenn einer „fehndsd", bekommt er die verdiente Liebe und totale Aufmerksamkeit, die er braucht. Wenn es sich aber nur um Selbstmitleid oder Wehleidigkeit handelt und jemand nur „gähgd", muss er sich nicht wundern, wenn keiner sich kümmert.

Feier-Riehbl, dor

So nennt man den Schornsteinfeger oder „Essengehror". Auch in Sachsen gilt der „Feier-Riehbl" als Glücksbringer und wird von Groß (weiblich) und Klein berührt. Sein schwarzer Ruß soll Glück bringen. Kontakt = Glück! Toll, heute haben wir dafür Facebook. Früher hat noch der Schornsteinfeger gereicht.

ferdsch

Fröhlicher Ausruf, der anzeigt, dass man endlich fertig ist. Böse Zungen behaupten, dieses Wort sei in Sachsen ein Synonym für Orgasmus. Ungeheuerlich! Eine Klage vor dem Internationalen Gerichtshof ist anhängig.

Feudl

Auch „dor Hader" oder „Scheuorhader". Jede sächsische Hausfrau mit Stil hat einen „Feudl" im Besenschrank, mit dem sie ihre „Buffrds'sche dorschfeudld".

Fiehdschoregordor, dor

Gerät zur Aufnahme und Wiedergabe von Audio- und Videosignalen. Bundesweit berühmt wurde dieses sächsische Wort durch einen Radio-Telefonstreich, in dem ein cholerischer Opa beim Media-Markt anrief, weil er mit seinem „Fiehdschoregorder“ im Clinch lag.

fischeland

Nein, Sachsen sind nicht fischig. „Fischeland“ ist die Umschreibung für umtriebig, pfiffig oder wachsam. Nicht selten muss man auch mal ungerade Wege gehen, um zum Ziel zu gelangen. Den Sachsen stört das nicht, getreu dem Motto: „Dor Weesch isses Ziel!“

Fissemadendschn

Bedeutet so viel wie Kleinigkeiten, aber auch Ausflüchte oder Flausen. Man könnte meinen, dass der Wortstamm französischen Ursprung ist. Dem ist nicht so – obwohl es so klingt. Womit wieder mal bewiesen ist: Der Sachse kann sich international geben, wenn er will. „Mior Saggsn sin dohdahl indernäschenälmäß'sch droff. Guhl!“

Fläbbe, de

Der zum Weinen verzogene Mund. Wird meist von Kleinkindern und missgelaunten Frauen als Druckmittel eingesetzt.

Flossn, de

Die Hände, die auch gerne etwas größer ausfallen können *(siehe „de Fohdn“).*

Fohdn, de

Hände, meist sind damit große Exemplare gemeint. „Gugge dior ma die Fohdn von dem an. Dahdermidd gann der Waldbrännde in Gannadah ausgladdschn!“

Frosdhugge

Eine „Frosdhugge“ ist keine eisige Kuhle, wie man sie vielleicht in Gefriertruhen oder Gefrierzellen findet. Eine „Frosdhugge“ ist ein Mensch, der leicht friert und das nicht nur im Winter, sondern auch im Sommer. Dann wird auch schon mal der dicke Wollpulli angezogen. Tja, Weichei bleibt Weichei.

gähs'sch

Käsig oder auch blass zu sein verrät gesundheitliche Defizite oder zu wenig Bewegung an frischer Luft. Wenn der Sachse meint „De siehsd abor heide gähs'sch aus!“, dann impliziert es den dringenden Rat, mal den Computer auszumachen und spazieren zu gehen.

Garussel

Achtung: Die Betonung liegt hierbei auf dem „u“ und nicht auf dem „e“. Das Karussell wird im Sächsischen eindeutig schwungvoller betont. So dreht sich das Jahrmarktsgefährt gefühlsmäßig gleich viel schneller. Der

Sachse mag es eben, wenn es rund geht und ist für fast jede Art der Belustigung, jeden „Fehds" zu haben.

Gänsefleisch

Gehört zur Gruppe der bekannteren sächsischen Worte. Aber nicht als Synonym für das wunderbar bekömmliche Gericht, sondern als Aufforderung „Können Sie vielleicht ... !" Berühmt als Ausspruch eines sächsischen Grenzers: „Gänsefleisch ma n Gofforraum offmachen!"

Gaggsch

Gag, Blödsinn, Nonsens. „Wassn das fürn Gaggsch in der Giche? De Muddor liechd naggsch offn Dische." Sachsen hat eine lange und erfolgreiche Kabarett- und Satire-Tradition. Während des Dritten Reichs trieben die sächsischen Kabarettisten mit spitzer Zunge ihre Späße und ärgerten mit Lust die Obrigkeit. So schrieb schon in den 30er-Jahren die sächsische Mundartdichterin Lene Voigt:

„Mir Saggsn, mir sin helle,
das weeß de ganze Welt.
Un sin mir ma nich helle,
da ham wer uns verstellt."

gaubeln

Das bezieht sich auf eine schöne alte sächsische Tradition des kaufmännischen Handelns. Überhaupt „gaubeld“ der Sachse gern und häufig. Sowohl professionell als auch privat. Das ist keine willkürliche Behauptung von mir. Die Sachsen wurden zuerst weltberühmt als pfiffige Händler und Kaufleute. Der Dialekt wurde erst sehr viel später bekannt. Ist vielleicht auch besser so.

Gesischdsfrommsor, dor

Humoristische Umschreibung aus dem Militär-Milieu für Gasmaske, auch „Schnuffi“ genannt. Dabei war das Tragen der Maske weder lustig noch war es dem Äußeren des Trägers zuträglich. Bei Partys fiel ich damit immer unangenehm auf.

giegsn

Wörtlich übersetzt heißt es so viel wie stechen. Umgangssprachlich meint es aber auch das freundschaftliche Necken bzw. Kitzeln: „Hähre of midd Giegsn!“ Gern wird es auch als saloppe Bezeichnung für den Geschlechtsverkehr benutzt: „Giegsn in de Lulli“ ist die rabiate, aber leidenschaftliche Form des Sex.

Dor Saggse saachd – Der Sachse meint

Se wern enschuldschn ...	*Entschuldigen Sie bitte ...*
Von dor Sache heor ...	*Ich will mal sagen ...*
Hior is ne Bulle Ruuhs.	*Ich habe eine Flasche Schnaps mitgebracht.*
Sch'wär bleede!	*Ich werde verrückt!*
Da gennd'sch misch uffrähschn!	*Jetzt rege ich mich aber auf!*
Mach de Gugglschn off!	*Sieh doch mal genauer hin!*
Wiedn nu?	*Was machen wir nun?*
Da wärd doch dor Hund in dor Fanne verriggd.	*Das ist ja unglaublich.*
Machs Addsche!	*Auf Wiedersehen!*

Gladdsn-Schorsch, dor

Der Sachse legt viel Wert auf sein gepflegtes Äußeres. Um diesem Anspruch zu genügen ist ein Besuch beim Friseur unabdingbar.

Gnäbberz'schn, de

Die Knochen: „Mior duhn de Gnäbberz'schn weh!" Wenn man es wörtlich übersetzen würde, käme Knöchelchen raus. Der Sachse verniedlicht alles und jeden und sich selber auch, um sich nicht zu wichtig zu nehmen. Denn wehleidig ist der Sachse nicht – auch wenn er gerne darüber redet – das lindert den Schmerz.

goddrisch

Beschreibt das Gefühl des Unwohlseins, das man niemandem wünscht. „Mior isses heide so goddrisch!"

gohgln

Hat nichts mit Google zu tun, sondern kommt vom Wort kokeln, mit dem Feuer spielen.

Greids, äs

Da der normale Sachse sehr sportlich gebaut ist, hat er dann auch ein gut gebautes Kreuz (nicht nur einen popligen Rücken). Bei Rückenschmerzen klagt man in Sachsen so: „Isch habbs heide im Greidse!"

Griewahdsch

Das geliebte Kind und überhaupt der Nachwuchs wird mit den schönsten Worten bedacht: „dor Zwuhnsch“, „Balsch“, „ä Gärlschn“, „dor Säggsor“, „de Griefe“.

Griminahlbollidsei

Dein Freund und Helfer, der immer dann auftaucht, wenn man ihn nicht braucht. Das ist in Sachsen so wie überall.

Gruhdschor, äs

Ein kleines Kind oder ein Kleinwüchsiger, ebenso „ä gleenor Gnobb“, „Nubbelnuhdschor“, „loofendor Meehdor“, „dor Schbruhds“, oder – besonders fantasievoll – „ä Worzlwärgindschanor“.

Guhdsdor, mei

Liebevolle Bezeichnung des Freundes oder Kollegen, beinhaltet Respekt, Wärme und Gemütlichkeit. Mehr soziales Miteinander ist kaum möglich. Außerdem offenbart es auch die totale Akzeptanz, Achtung und Liebe dem Anwesenden gegenüber: „Dem wärrd isch gladd meine Grouhsmuddor ausborschn!“ Gibt’s natürlich auch in der weiblichen Form – „meine Guhdsde“.

Habschn Bahbschn

So bezeichnet der einfache Sachse sein Hab und Gut. Da dies mitunter recht wenig ist, wird die Verniedlichungsform benutzt. So bescheiden ist der Sachse.

Haggn-Wolwo

Einkaufs-Wägelchen, auch HaWaZuZie („Handwagen zum Ziehen“) genannt. Wieder einmal beweist der Sachse hier, dass er auch bei den einfachen Dingen des Alltags Fantasie und Witz mobilisiert.

häggorn

Klettern, kraxeln oder schnell über hügeliges Gelände fortbewegen. Manchmal beschreibt es auch den Geschlechtsakt *(siehe auch „bimmborn“, S. 60)*.

Hiddsche, de

Die Fußbank, ideal, um „de Gnäbberz’chen“ abzulegen. Entspannung muss sein. Ruhezeiten werden selbstverständlich eingehalten – aber nicht, um sinnloser Trödelei zu frönen, sondern nur, um die Batterien aufzutanken. Und zwar auf genüssliche Art. Dazu noch „ä Scheelchn Heeßn“ – dann ist die Welt in Ordnung.

hirschn

Geschmeidig wie eine Gazelle, flink wie ein Wiesel und stark wie ein Hirsch bewegt sich der Sachse durchs Leben. Und wenn er mal schneller ans Ziel gelangen will, dann muss er eben „ma nübor hirschn“.

hubbn

Hüpfen oder springen. Populär wurde dieses Wort durch folgende Ansage am Leipziger Hauptbahnhof: „Leibz'scher Haubahnhouf, alles naushubbn!"

hühbn

Zu „hühbn" gehört auch „drühbn". Wobei mir immer noch keiner sagen konnte: Wenn ich „hühbn" bin, wo ist dann „drühbn"?

iedsisch

Wenn einer „iedsisch" ist, dann ist er zornig, außer Rand und Band, unglaublich wütend. In solchen Situationen sollte man keine blöden Ratschläge geben, denn es ist ja eh zu spät. Also: Klappe halten und sich dezent zurück halten.

Lehm

Das ist das vermutlich außergewöhnlichste sächsische Wort aller Zeiten, denn es hat drei komplett unterschiedliche Bedeutungen. Zum einen ist es der bekannte Baustoff, der Lehm. Zum anderen bezeichnet es eine Art von Wildkatzen, „de Leehm". Und drittens ist es das Leben. „Ähmd, lehm un lehm lassn!"

UN'SCH
SAACHE NOCH:
LASSE LEHM,
DE LEEHM!!!
M. KOPS

mährn

Rumwühlen, rumfummeln. Der Sachse „mährt“ zwar gerne rum, aber er kann sich andererseits auch fürchterlich über lahmarschige „Drehdlfriddsen uffrähschn“, die sich nicht „ausmährn“ *(siehe auch „Mährmuhs“, S. 81)*.

manschema

Dieses Wort passt immer, denn es ist ein Füllwort. Ähnlich dem Verlegenheitswort „halt“ („Es ist halt so!“), welches einfach nur blöd ist. „Manschema“ schlägt dagegen alle Füllwort-Konkurrenten locker aus. „Manschema“ – auf Hochdeutsch „manchmal“ – wird vom Sachsen übrigens auch als Höflichkeitsfloskel benutzt: „Kannste manschema mit anfassen?“, ist sowohl Frage als auch Bitte, lässt aber dem Befragten durchaus die Möglichkeit, entspannt zu entscheiden. Sie sehen: Der Sachse ist stets bemüht, auch sprachlich den sozialen Frieden zu wahren.

mausen

Nein, es ist kein Begriff aus dem Tierreich, sondern bezeichnet schlicht die Tätigkeit des Stehlens. Das mag zwar liebenswert, ja fast schon süß klingen, aber es ist und bleibt natürlich eine Straftat, der wir hier in diesem Buche ohne Wenn und Aber sehr kritisch gegenüber stehen.

Der unbekannte Vokal

Schwer zu beschreiben, was er ist, dieser andernorts unbekannte Vokal.
Er ist kein A und auch kein O, obwohl er mehr O ist als A und er kommt an Stelle des E und des A, aber nicht beim O, denn das O wird ausgesprochen wie ein ganz normales O, allerdings mit einer Prise U, jedoch nicht vor einem R, denn da ist es ein beinahe reines O. Verwirrend? Mag sein, aber bevor man diesen, in jeder Hinsicht sächsischen Vokal, nicht fehlerfrei beherrscht, wird man immer als Auswärtiger entlarvt werden. Denn er ist allgegenwärtig und eine tragende Säule dieser Sprache. Hören Sie, üben Sie, und irgendwann werden Sie sie lieben, diese sächsische Allzweckwaffe, die im ***„Ludor"*** *genauso zu Hause ist wie im* ***„Orsch"****.*

Mouhdschegiebschn, äs

Der Marienkäfer oder auch Mariechenkäfer – schöner kann das in deutscher Sprache wohl nicht gesagt werden. Für Sie, verehrte Leser, ist dieses Wort die ideale Sprachübung, um der sächsischen Mundart näherzukommen. Versuchen Sie es gleich einmal: Den Unterkiefer schön locker hängen lassen – und dann ganz gemütlich rauslaufen lassen: Mouhdschegiebschn. Sehen Sie, es geht doch.

Muddiejäääh

So ruft der kleine Sachse ebenso lautstark wie fordernd nach seiner weiblichen Erziehungsberechtigten. Man beachte: Das eigentlich überflüssige ä wird behandelt wie ein Suffix und ist deutlich länger zu rufen als das eigentliche Wort.

Musickor, dor

Der Musiker. Einige besonders kunstsinnige Sachsen behaupten, der Muusiker mit einer nachhaltigen Betonung auf dem u sei ein Musiker aus dem klassischen Bereich, der „Musickor“ (Betonung auf dem i) dagegen der leichten Muse zuzuordnen. Warum der Sachse das so fein säuberlich trennt, wird mir auf ewig ein Rätsel bleiben.

Mus-Schbridse

Nein, in einer Konditorei werden sie dieses Gerät nicht finden. Denn hierbei handelt es sich um einen Regenschirm, der seinen Träger getreulich vor Regen, Sturm und dem ganzen anderen „Dseich“ beschützt. Mögliche Alternativbezeichnungen bei Unwetter mit Blitz und Donner sind auch „de Gewiddorflinde“ oder „Gewiddergrigge“.

nacherds

Gilt als Zeitangabe für nachher oder später. Wobei der Sachse keineswegs „Duhnichguhd“ ist, der immer alles auf die lange Bank schiebt oder ewig „rummährd“. „Nacherds“ meint meist noch den Zeitraum des laufenden Tages und verrät somit ganz nebenebei auch so einiges über das Pflichtgefühl des modernen Sachsen.

Nischl, dor

Gemeint ist damit ein besonders großer Kopf. So wie der Lenin-Nischl oder der von Marx oder anderen kommunistischen Geistesgrößen, die zu DDR-Zeiten Parks und Plätze zierten.

nu

Das kleine Wörtchen mit dem kurzen u bedeutet so viel wie „ja“ und ist besonders im Dresdner Raum gebräuchlich. Manchmal wird auch ein kleines schnelles „Nu nu“ nachgeschoben, um dem Gesagten noch mehr Nachdruck zu verleihen.

Nu euja

Meint: Aber sicher doch! Darin liegt so viel Wärme, Fantasie und Eloquenz, dass man einfach nur den Blick senken kann und dankbar ist – für die sächsische Mundart.

offhengn

Bedeutet aufhängen. Wenn der Sachse liebevoll zu seinem Besuch sagt: „Hängdsch off!", so ist dies keine Aufforderung zum Suizid, sondern lediglich der freundlich gemeinte Hinweis, seine Kleidung an der Garderobe aufzuhängen.

Oochn, de

Die Augen, ebenso möglich „de Gnäbbe" oder „de Guggelchen".

Radahrdiehdn, de

Die Fledermaus besitzt große Exemplare und kann mittels ihrer genetisch angeborenen Ultraschall-Ortung selbst in absoluter Dunkelheit extrem gut hören. Genauso ist es mit dem Gehör des Sachsen, denn auch er verfügt über sehr gute Radar-Tüten. Möglich ist natürlich auch „de Leffl".

Was iss dor Undorschiehd dswischn ä Dehgessl un Odelloh?
Na, gands eimfach.
Beim Dehgessl, da siedet deor Deh.
Unn bei Odelloh, da deeded deor sie.

DE JAGGE MUSSDE NADIERLISCH VORHER AUSZIEHN, MEI GUHDSDR.

Randsn

Es handelt sich nicht um das Ding aus der Schulzeit. Der „Randsn“ ist ein dicker Bauch, der natürlich nur sinnlichen Menschen gestattet ist, die gerne in Gesellschaft schlemmen und trinken. Alternativ „de Blaudse“, „de Wammbe“, „dor Wansd“ oder „de Gullor“.

Rennbabbe, de

Autoähnliches Fortbewegungsmittel aus Duroplast, bekannt unter dem offiziellen Namen „Trabant 601“. Andere Bezeichnungen waren „iebordachde Zindgerze“, „moderne Gehhilfe“, „Zwiggauer Flischdlingsgoffor“, „Gardong de Blamahsch“, „Saggsnborsche“.

Rennsemmln

Wird gern für schnell rennenden Kleinkind-Sachsen benutzt. Möglich ist auch „sebbeln“.

Rieschgolbn, dor

Die Nase, meist eine auffallende Ausnahme-Erscheinung. Möglich auch „dor Golbm“, „dor Bohbldorm“, „dor Schnorschhahgn“, „de Gorge“ oder „dor Zinggn“.

*Was ist das Gegenteil von **„Barderre“** (Parterre)?*
„Ä baahr Digge“!

rumgrähbln
Sich mit einer schwierigen Arbeit abmühen oder quälen. Dieses Wort verrät viel vom sächsischen Ehrgeiz. Der Sachse will es wissen, ganz genau. Ja, er verbeißt sich mitunter in schwierige Themen und „grähbeld" rum, aber am Ende kommt er immer ans Ziel.

Rungs
Großer Kerl, der durch seine imposante Erscheinung zu beeindrucken weiß. Mitunter wird auch ein allzu klobig abgeschnittenes Stück Brot als „Rungs" bezeichnet.

säggs'sche Gemiedlichgeid
Dieser sprichwörtliche Wesenszug des Sachsen manifestiert sich „im Scheelchn Heeßn" und „ner Schdreiselschnegge", die man gut „diddschn" kann. Wenn man dann noch die Beine „off de Hiddsche" legen kann, ist Entspannung pur angesagt. Sächsische Wellness eben.

schubborn
Das hat nichts mit Schuppen an Fischen oder auf der Kopfhut zu tun. „Schubborn" besagt, dass es den Sachsen fröstelt: „Misch schubbords abor!"

Schduhbndieschor
Liebevolle Umschreibung für Hauskatzen. Ein bisschen Urwald und Exotik für die eigenen vier Wände.

Die sächsische Gemütlichkeit

*Die **„säggs'sche Gemiedlichgeid"** prägt das Wesen des Sachsen. In sich ruhend, beinahe alles ertragend, überaus friedliebend will der Sachse im Grunde nur eins: seine Ruhe – der Sachse ist die personifizierte Ausgeglichenheit. Wenn man allerdings seinen Frieden wiederholt und nachhaltig stört, kann er **„fuchs'sch"** werden. Beredtes Beispiel dafür ist der zutiefst gekränkte Ausruf des letzten sächsischen Königs Friedrich August III.: **„Machd doch eiern Dregg alleene!"** Kurz darauf dankte er ab.*

*Weniger passiv war die Reaktion auf die längst gründlich verdorbene **„Gemiedlichgeid"** 1989: In Leipzig gab es die ersten Montagsdemonstrationen, über die schlussendlich ein gesamtes Gesellschaftssystem gestolpert ist.*

Schnubbn

Jeder hat ihn ab und zu. Vom Nordpol bis nach Neuseeland. Schon Moses litt darunter, ebenso Goethe. Auch der Papst hat ab und zu Schnupfen. Aber nirgendwo wird er so sinnlich bezeichnet: „Ja, isch habbe Schnubbn."

ungeneußsch

Ungnädig, unleidlich. „Sei ni so ungeneußsch!" Möglich ist auch „gniedschisch".

verbummfiedln
Vergesslichkeit ist keine Zier, wird aber auf verständnisvolle und charmante Art und Weise moniert. Denn das kann ja jedem mal passieren. „Na? Hasde schon wiedor was verbummfiedld?“

verlei
Sagt der Sachse „verlei“, will er nicht irgendwas ausleihen. „Verlei“ ist die liebevoll-praktische Verkürzung von „vielleicht“ *(siehe auch „manschema“, S. 26)*.

Wännsdor, dor
Nachwuchs, Kinder, Brüllfleisch. „Dor Vahdie un de Muddie“ sind zwar manchmal genervt, aber was wäre das Leben ohne Kinder? Manche behaupten: ruhiger.

Auf dem Standesamt. **„Wie wolln se nu ihr Sehnschn nennen?“** *„Dankwart!“* **„Also nee. Es muss schon ä eschdor Vorname sein. Das is doch gee Name, sondern ne Berufsbezeischnung.“**

Unsere Empfehlung:
Leipziger
Allerlei

Kapitel 2

Speis und Trank

Crashkurs

Können Sie mir ein gutes Restaurant empfehlen?	*Wo gann mor hior was schnabbuliorn?*
Wir benötigen einen Tisch für zwei Personen.	*Mior brauchn n Zweior.*
Könnten Sie etwas rutschen, damit wir auch noch Platz haben?	*Ruddsch ma ä Schdiggl.*
Ich habe großen Hunger.	*Isch habbe Gohldamf wie Sau.*
Was können Sie uns heute empfehlen?	*Was gibbdsn?*
Bitte bringen Sie mir die Brühe.	*Sch'nehme de heeße Fleeschbriehe.*
Obacht, es ist sehr heiß.	*Bass uff, s'is heeß.*
Kann ich bitte noch mal die Speisekarte haben?	*Isch wärde gerne nochma in de Gardde illern.*

Bringen Sie mir bitte noch das Makronentörtchen.	*Sch'hädde gerne noch de Lärsche.*
Ich bin satt.	*Mei Nahbl gländsd.*
Jetzt wäre ein Schnaps gut.	*Sch'brauch ä Verteilor.*
Gib mehr Trinkgeld!	*Du geiz'schor Gnochn!*

Ähborn

Oder auch „de Gardoffln". Ja, der Sachse ist ein ausgesprochener Kartoffelesser, und er mag sie in jeglicher Form, von der Pell- bis zur Bratkartoffel.

Bäbe

Eine „Bäbe" ist kein Begriff aus der Musikerszene wie ihn vielleicht ein sächsischer Soulsänger für seine große Liebe benutzt. Nein, eine „Bäbe" gehört zur Gruppe der Backwaren. Der gute alte Rührkuchen ist auch in der sächsischen Küche zu finden. Warum er so heißt, konnte mir aber auch keiner sagen.

Beffschdegg

Das angelsächsische Beefsteak führt den Sachsen sprachlich an seine Grenzen. Deshalb spricht er es so aus, wie es ihm seine Mundart erlaubt. Nicht schön, aber trotzdem weiß jeder mehr oder weniger, was damit gemeint ist. Zumindest in Sachsen.

Bemme

Stulle, Schnitte oder belegtes Brot. Mal ehrlich: „Bemme" klingt doch am sinnlichsten.

biedschn

Oder auch „schlabborn“, bezeichnet das genussvolle Trinken von „ä Scheelchn Heeßn“. Irgendwie macht es da der Sachse fast ein wenig wie der Asiate, der ja auch lautstark die Nahrungsaufnahme seinen Mitmenschen zur Kenntnis bringt. Allerdings geht der Sachse längst nicht so weit über unsere akustische Toleranzschwelle hinaus.

Gewandhaus-Sächsisch

Keine Frage, der Sachse liebt seine Sprache, und er ist überaus stolz auf sie. Und womit? Mit Recht! Trotzdem versucht er sie hier und da zu zügeln, denn Dialekt sprechen ja nur die einfachen Leute. Wenn man studiert hat oder es wenigstens gern hätte, möchte man das auch unbedingt akustisch anzeigen: Man spricht dann sogenanntes Gewandhaus-Sächsisch.

Dabei drückt man sich besonders gewählt aus und bringt die übertrieben deutliche Aussprache mit Nachdruck in die Nähe des Hochdeutschen. Schließlich fühlt man sich zur Oberschicht gehörig, ja, man ist was Besseres – die gute Sprache beweist es.

Nichtsdestotrotz schimmert natürlich das unverwüstliche Sächsisch weiter durch alle Ritzen der Konversation, besonders in Momenten nachlassender Konzentration, sei es durch Erregung, Übermüdung oder Alkoholmissbrauch.

Bieweh
Es gibt Worte, da scheitert der Sachse schlichtweg in Sachen Aussprache. Verfolgt von der Häme der nichtsächsischen Welt, versucht er immer wieder fein und ordentlich zu sprechen. Und so wird aus dem französischen Buffet oder Büfett der akustische Unfall „Bieweh“. Was dann doch auch wieder Charme hat, oder?

Blämbe
Oder auch „Briehe“, bezeichnet eine kaum genießbare Suppe oder ein Getränk, die entweder sehr dünn oder einfach nur scheußlich sind.

Blörre, de
Ein besonders schlechter, dünner Kaffee. Gilt in Sachsen als Delikt und wird strafrechtlich verfolgt. Wenn Sie sich in Sachsen Freunde machen wollen, kochen Sie um Himmels Willen niemals keine „Blörre“ nich! *(siehe auch „Bliehmchengaffee“)*

Bliehmchengaffee
Dieser Kaffee ist so dünn, dass man sogar das Blümchenmuster auf dem Grund der Tasse sehen kann. Das Blümchenmuster übrigens stammt aus der berühmten Meißener Porzellan-Manufaktur, wo dieses hübsche Muster den Tassengrund zierte.

Bullsniddsor, de

Damit sind die Pulsnitzer Pfefferkuchen (geschützter Name) aus Pulsnitz gemeint. Jenes leckere Weihnachtsgebäck wird in Wirklichkeit ohne Pfeffer gebacken, schmeckt aber umso besser.

Bilde einen Satz mit „Angola!"
„An Gohla gennd'sch misch dohdsaufn."

Damfriehm

Das ist eine Bockwurst, die eben so heiß ist, dass sie dampft. Wenn es dazu noch „änne Gouhse" *(siehe S. 47)* gibt, ist der Himmel auf Erden nicht mehr fern.

Dieschl

Auch als Tiegel bekannt. Eine kleine Pfanne, in der man viele kleine und große Leckereien und andere „Schnorbseleien" zubereiten kann.

Eiorschegge, de

Die Eierschecke ist eine Kuchenspezialität aus Sachsen. Dieser Kuchen wird gefüllt mit Äpfeln, Mohn oder Quark und mit einem Belag aus Sahne und Ei überzogen – dafür lass ich doch sogar meine „Schdreiselschnegge" stehen!

Färs'sche
Zu DDR-Zeiten waren sie ein überaus seltenes und daher beliebtes Obst, welches im Westen eher unter dem Namen Pfirsiche bekannt sein dürfte. Charakteristisch für dieses Steinobst ist seine enorme Saftigkeit, die nicht nur die Hände, sondern die gesamten oberen Extremitäten benetzt. Da hat sich seit dem Mauerfall nichts dran geändert.

Gärsche, de
Die Kirsche. Sie wird durchaus gerne auch als Bezeichnung für die geliebte Freundin verwendet *(siehe auch „de Mördse", S. 65)*. Auf keinen Fall aber darf sie verwechselt werden mit „dor Gährsche" – die meint nämlich ein Gotteshaus.

Gaffee un Guhchn
Das ist die sehr unprosaische Bezeichnung für eine kleine Kaffeepause. So lieblos kann es nur in der Kantine oder beim Personalgespräch zugehen. Echte „Gemiedlichgeid" kommt hier nicht auf.

Gaffee, dor
Der Kaffee, der liebevoll auch „ä Scheelchn Heeßr" genannt wird, gehört zu Sachsen, wie zu Schwaben die Kehrwoche, zur Pfalz der Saumagen und zu Bayern die Weißwurst.

WO ISN DEINE GÄRSCHE?
IN DOR GÄHRSCHE!
M. KOPS

Gaffeesaggse

Dieser Zeitgenosse ist ein grundsätzlich Gemütlicher. Der Ausdruck ist eine Anspielung auf den angeblich überdurchschnittlich hohen Kaffeegenuss des Sachsen – was aber reine Legende ist. Der vermeintlich spöttische Spitzname trifft uns Sachsen nicht. Anders als beim Schwaben, der ja zu Recht als „Suppenschwabe" bekannt ist.

Dor Gaffee

Kaffee hat in Sachsen eine lange Tradition. Hier gab es Ende des 17. Jahrhunderts die ersten Coffeehäuser Deutschlands, wo ab 1706 der Kaffee in Tassen aus edlem Meissener Porzellan ausgeschenkt wurde. Das Besondere an den Tassen waren die Schwerter oder Blümchen auf dem Boden der Tassen. So erkannte man gleich, ob der Kaffee besonders dünn, eben ***„Bliehmschngaffee"****, war. Angeblich fehlte es den Soldaten während des Siebenjährigen Krieges (1756–1763) ohne ihren Kaffee an Elan – laut Legende sollen sie gesagt haben:* ***„Ouhne Gaffee genn mior nich gämfn!"*** *1908 wurde die Filtertüte in Sachsen von „Melitta" (damals noch in Dresden) patentiert und erstmals hergestellt. Sehen Sie, wieder was gelernt. Herr Jauch, die Million ist mir sicher!*

geddschn
Schmatzendes Kauen: Das gehört sich zwar ganz und gar nicht, ist dem Sachsen dennoch nicht fremd, da er – ganz der wahre Genießer – dem Essen eben auch angemessen Raum und Luft zur Entfaltung des vollen Geschmacks zukommen lassen muss.

Geschärre
Das „Geschärre" kann zwar das Geschirr am Pferd sein, meist handelt es sich ums gute Ess-„Geschärre". Wenn es nicht mehr modern ist, kann man es immer noch beim Polterabend „zordebborn".

geschwebbord
Ja, das kann schon passieren, wenn das „Scheelchn Heeßn" „ä bissl zu voll" ist, dann „gläggord un schwäbbord" man eben die Untertasse voll. Das schlürft sich dann so schön. Ganz ehrlich, es gibt Schlimmeres.

Gnoddschies
Es handelt sich, wie schon gefürchtet, um „Gnocchi". Richtig gesprochen: Njocki. Da Sachsen diese Spezialität bis 1989 kaum kannten, bitte ich um Nachsicht.

Gouhse, de
Das Leipziger Bier überhaupt. Zwar stammt es eigentlich aus Goslar im Harz, aber berühmt geworden ist die herrlich obergärige Gose eben in Leipzig. Ich empfehle allen Leipzig-Besuchern den Besuch in der Gosenschenke im

„Bayerischen Bahnhof". Sie werden staunen, wie schön es ist, sich zu betrinken.

Griebsch

Das Kerngehäuse eines Apfels.

Guddln, de

Kutteln oder auch „Flegge" sind ein Gericht, das ganz oben auf meiner „Will ich nie wieder essen"-Liste steht. In Streifen geschnittene Innereien (Pansen) vom Rind, in einer säuerlichen Suppe angemacht. Äh, ja. Man sagt, das Gericht stamme ursprünglich aus Ostpreußen – dort hätte es auch bleiben können.

Gworggeilschn

Quarkkeulchen. Aus dem Vogtland kommt diese köstliche sächsische Süßspeise aus Quark, Mehl, Kartoffeln, Zucker und Eiern. Echte Genießer geben noch Rosinen dazu. In der Pfanne in Öl gebacken und mit Zucker oder Apfelmus serviert: „S'is ä Drauhm!"

Lärsche, de

Die Leipziger Lerche ist ein kleines Gebäck, das man in Rest-Deutschland als Makronentörtchen kennt: „Das is ä äschdes Leggerfärdsl!"

SE HADDN BEI DOR LÄRSCHE WOHL WAS MIDD FEDERN ERWARDED?
M. KOPS

Dor Saggse saachd – Der Sachse meint

Das Fleesch is dserrich.	*Dieses Fleisch ist ungenießbar.*
Äs Beffschdegg is galld.	*Die Bulette ist nicht heiß.*
De Briehe wär'sch ooch noch nundorschdärdsn.	*Die Suppe werde ich auch zu mir nehmen.*
Das is verlei ne Blämbe.	*Der Kaffee ist dünn wie Wasser.*
Jeds n scheen Damfriehm.	*Ich nehme die Bockwurst.*
Oah, sinn de Färs'sche saftsch!	*Junge, sind die Pfirsiche aber saftig!*
Hähre off midd geddschn.	*Mach den Mund zu beim Essen.*
Willsde noch ä Leggerfärdsl?	*Wie wäre es mit einer Kleinigkeit?*

Leggerfärdsl

Eine kleine Süßigkeit zum Naschen für zwischendurch. Übergewichtige Menschen betonen gern: „Isch esse doch nischd. Nuor abunnzu ä boahr Leggerfärdsl. Awwor die machn doch ni digge!" Mmhja, eben doch.

Leibs'schor Allerlei

Das ist die National-Speise in Sachsen, die sich auch international großer Beliebtheit erfreut. Dabei handelt es sich bei diesem Eintopf-Gericht ursprünglich um ein typisches „Arme-Leute-Essen". Mit anderen Worten: Diese Suppe ist die Pizza der Sachsen *(Rezept S. 52)*.

Mouhn, ä Schdiggl

„Dor Mouhn", also der Mohnkuchen, erfreut sich größter Beliebtheit. Meine Tante Frieda warnte mich aber immer wieder: „Iss ni zu viel Mouhn, dear machd bleede!" Woher sie das wusste, wird mir ewig ein Rätsel bleiben.

Der Sohn zur Mutter: **„Muddie, heide hammor in dor Deitsch-Schdunde gelernd, äs heesd nisch Abbelgriebsch, sondorn Abbelgeheise!"**
„Äscha! Isch dengge, iohr habbd Deidsch, dahderbei lernd iohr nuor Fremdwärdor!"

Leipziger Allerlei

Zutaten:
30 g getrocknete Morcheln, 250 g Spargelköpfe, 250 g junge Möhren, ein halber Blumenkohl, 200 g Erbsen TK, 500 ml Fleischbrühe, 50 g Butter, 125 g Sahne, 30 g Krebsbutter, Salz, 1 Prise Zucker, 1 EL Mehl, weißer Pfeffer, Muskatnuss, 300 g gekochte Krebsschwänze

Morcheln ca. 1 Stunde einweichen, abgießen und den Sud aufbewahren. Spargelköpfe, Möhren und Blumenkohl waschen und in grobe Stücke schneiden. Brühe mit 1 EL Butter, Salz und Zucker aufkochen. Möhren dazutun und ca. 5 Minuten garen. Blumenkohl und Spargelköpfe hinzufügen, 8 Minuten mitdünsten. Erbsen und Morcheln untermischen und 10 Minuten mitgaren. Gemüse abgießen und Brühe auffangen. Mehl in restlicher Butter anschwitzen bis es goldgelb wird. Unter Rühren die Brühe angießen bis eine feine Soße entsteht. Morchelsud dazugeben, Sahne und Krebsbutter einrühren. Gemüse und Krebsschwänze dazutun und in der Soße erwärmen. Mit Salz, Pfeffer und Muskatnuss abschmecken.

nei wammsn

Schnell essen, schlingen. Man könnte auch sagen: „nundor schdärdsn“. Obwohl der Sachse eigentlich ein Gemütsmensch ist, gehört er deswegen keineswegs zu den Phlegmatikern. Und wenn es mal zeitlich etwas knapp wird, dann muss man eben „ä weng“ schneller essen, also „hurtig seine Bemme nei wammsn.“

Rähbschn, ä

Auch hierbei handelt es sich um eine echte Leipziger Leckerei: Das „Rähbschn“ ist eine mit Marzipan gefüllte Dörrpflaume, die in Bierteig gewendet und anschließend in heißem Öl ausgebacken wird. Wahrlich ein Gedicht!

Ränftl, äs

Vom Brot bleibt oftmals das „Ränftl“, der Kanten, übrig. Klein, ausgetrocknet und gebogen wie eine Schuhsohle. Also genau das, was kaum jemand essen will. Meine Mutter behauptet bis heute steif und fest „Da sinn de Viddamihne drin!“ Ich glaube aber, das ist ein Trick.

Ruhss

Hat nichts mit Schornsteinfegern zu tun, sondern ist die Bezeichnung für hochprozentige alkoholische Getränke wie Korn oder Whisky. Gern auch gleich „ne Bulle Ruhss“, dann hat man mehr davon. Kann ebenso als Geldersatz benutzt werden *(siehe auch „dor Schoddor“, S. 104)*.

Schdärdse
Der Topfdeckel ist beim Kochen unbedingt notwendig. Nicht nur zum Hitze-Regulieren, aber wie soll man denn sonst vernünftig die „Gardoffln" abgießen können?

Scheelchn Heeßn, ä
Kaffee, neudeutsch auch Cappuccino oder Latte. In Sachsen mag man es lieber bildlicher. Untrennbar von „dor säggs'schen Gemiedlichgeid".

schnorbsln
Das „Schnorbsln" gilt als eines der Fundamente der „säggs'schn Gemiedlichgeid". Denn schnabulieren, naschen oder eben „schnorbseln" kann man immer und überall.

Schdreiselschnegge
Für dieses Gebäck in Schneckenhausform lässt jeder normal veranlagte Sachse glattweg sogar seine Freundin stehen. „De sieße Schdreiselschnegge" wird aus Hefeteig gefertigt. „Dahdorsch griehmelds ni sou dolle". Ideal zum Frühstück im Bett. Mit Freundin.

Striezel

Weihnachts-Stollen, auch Christ-Stollen genannt. Ja, der Dresdner Stollen ist legendär, denn er ist der Beste der Welt. Ach, was sage ich, des Universums! Und deswegen kommt jeder Dresdner Stollen per Gesetz wirklich aus Dresden. Darauf können Sie sich verlassen. Genauso wie auf den einmaligen Geschmack.

Wärschdchn

So ein Würstchen ist nicht nur bei Kindern für „zwischendorsch" beliebt, sondern fast jederzeit das Richtige zum „Schnorbsln". Und außerdem geben dann „de Wännsdor" auch mal für einen Augenblick Ruhe. Und das ist ja auch mal ganz schön.

Kapitel 3

Liebes-geflüster

Crashkurs

Schau Dir mal die hübsche Frau an.	*Gugge ma, de Muddie da driehm.*
Sie hat schöne Brüste.	*Oah, hadd die scheene Gnäbbe.*
Ich würde dich gerne küssen.	*Wolln wer ä bissl schnäbln?*
Zu mir oder zu Dir?	*Wassn nu? Gommsde jeds midd odor nisch?*
Du bist die schönste Frau hier im Club.	*Du Gobfgissnzerwühlor!*
Gefällt dir meine Wohnung?	*Un? Wie is meine Horns'sche?*
Zieh dich aus!	*Mach disch naggsch!*
Ab ins Bett.	*Gomm in meine Schniebsgisde.*

Du machst mich ganz wild!	*Du Dieschor!*
Ich liebe deinen Popo.	*De hasd n scheen' Bohbsor.*
Ich bin total verliebt.	*Sch'wer bleede vor Gligg.*
Küss mich.	*Gib mior ä Giss'schn.*

bimmborn
Geschlechtsverkehr, ebenso „gnaddorn“, „niehdn“, „gachln“, „nahchln“, „bobbn“, „häggorn“.

Bohbsor
Das Gesäß, möglich auch „dor Bobboh“, „de fiehr Buchschdahm“ und „dor Bohdex“.

Bullor, dor
Das männliche Geschlechtsorgan, ebenso „Schniebl“, „Biebhahn“, „dor Brüschel“, „de Nuhdl“, „dor Lulli“, „de Feife“ oder „dor Frauenverglabbsor“.

Bummbe
Das Herz. Inniger auch „äs Härdsl“. Wer verliebt oder aufgeregt ist, sagt: „Da habbsch abor dischdsches Härdsbubborn gehabbd!“

Bussierschdängl
Ein Mann, der mit Charme und Esprit Frauenherzen zu erobern versteht, ist „ä Bussierschdängel“ oder auch „ä Sießhahn“ reinsten Wassers.

Gobfgissndserwühlor, dor

Leidenschaftliche/r Liebhaber/in. In Sachsen wird geliebt, dass sich die Betten biegen. Kein Wunder: Sachsen ist voller Liebe und schöner Frauen. Nicht umsonst sagt der alte Spruch: „In Sachsen, wo die schönen Mädchen auf den Bäumen wachsen."

Guggelschn, de

Die Äugelein. Oft benutzt bei Babies und Kleinkindern: „Biste miehde? De hasd so gleene Guggelschn!"

Das Diminutiv

*Der Sachse verkleinert mit großer Leidenschaft. Es ist eher das **„Stigg'schen"** als das Stück, öfter das **„Mäus'schen"** als die Maus, meist das **„Jägg'schen"**, weniger die Jacke und auch die Augen werden so zu **„Guggelschn"**. Selbst Dinge und Personen, die sich einer Verniedlichung entziehen, wie der Palast oder das Sterben, sind, ehe sie sich's versehen, ganz klein und nur noch ein **„Baläsd'schen"** oder **„äs Schdärbschn"**.*

*Die Ursachen dafür sind nicht wissenschaftlich belegt, aber vielleicht im gemütlichen und versöhnlichen Charakter des Sachsen zu suchen. Dinge zu verkleinern ist erstens liebevoll und zweitens wirken kleine Dinge weniger bedrohlich. Sollte sich diese sächsische Eigenart bundesweit durchsetzen, dann wird selbst aus der nächsten schweren Wirtschaftskrise ein überschaubares **„Gris'schen"**. Na bitte.*

Horns'sche

Bude, alte Wohnung. Die „Horns'sche" ist kein mit Domestos gespülter Eispalast, der aseptisch clean ist und regelmäßig gereinigt wird, sondern ein Ort der Begegnung und der vollen Aschenbecher.

Madraddsenschdrolsch, dor

Sexuell sehr aktive Mitbürger – beiderlei Geschlechts. Lüstern und voller Neugier stürzt er sich ins Nachtleben und erforscht die Geheimnisse der Liebe.

Mäbbse

„Mäbbse" gehören nicht zur Gruppe der Haustiere resp. Hunde, die der wunderbare Loriot so sehr liebte. „Mäbbse" werden von den männlichen Sachsen die Brüste der Frauen genannt. Sinnlichkeit pur.

Mägge

Üppige Haarpracht. Möglich ist auch „de Madde", „de Beidsche", „de Dsoddln", „de Lohdn" oder „dor Bällds". Wem so was wächst, der muss dringend zum „Gladdsn-Schorsch" (oder Friseur).

Mäggerzieche

Diese Frau wird allerorten verabscheut, denn sie meckert und schimpft ohne Pause. Deswegen gibt es für sie auch besonders viele Worte: „dä Schbienahdwachdl", „äs Raddngewiddor", „ä Bähsn", „änne alde Zimdzigge", „ä Graulwäddor" oder „ä Reiweisn".

LASSE DIOR MAL DE MÄGGE SCHNEIDEN, MEI SEGGSOR!
NEE, SOLSCHE DSODDLN!
NUNDOR MIDDN LOHDN!
M. KOPS

Dor Saggse saachd – Der Sachse meint

Gommsde zu meinor Horns'sche?	*Kommst du zu mir nach Hause?*
Willsde meine Gärsche sein?	*Möchtest du meine Freundin sein?*
Wolln mor ä bissl zabbln?	*Möchtest du tanzen?*
De hasd hibbsche Guggelschn.	*Du hast schöne Augen.*
Mächdsde ooch ne Gouhla?	*Willst du auch eine Cola?*
Se nich so ungeneußsch.	*Sei nicht so unleidlich.*
Warum ziehsdn jeds ne Fläbbe?	*Warum ziehst du so ein Gesicht?*
Machs hibbsch.	*Auf Wiedersehen.*

Mördse, de

Die Freundin, möglich ist auch „de Gärsche“, „de Alde“, „de Gähde“, „de Uschi“ oder auch „de Muddie“.

Muddie, de

Die Mutter, gilt aber auch als Bezeichnung für die Ehefrau oder die langjährige Freundin. Eine besonders duldsam-devote Partnerin wird auch gern „de guhde Muddie“ genannt, auch möglich sind „Muddel“, und „Muddsch“ *(siehe auch „dor Vahdie“).*

naggsch

Nackig, unbekleidet, also eben „naggsch“.

Schniebsgisde, de

Der Sachse hegt fast schon heilige Gefühle für sein Bett und hat viele Begriffe dafür, wie „’s Näsd“, „de Heijah“, „dor Gahn“, „de Falle“, „de Floghgisde“, „de Furdsmulde“, „de Glabbe“ oder „de Buhbsmuhle“.

Vahdie, dor

Normalerweise ein hart arbeitender Mann, der von seiner „Muddie“ treu umsorgt wird und den seine „Wännsdor“ heiß und innig lieben.

Kapitel 4

Donner-wetter

Crashkurs

Bitte beeile dich.	*Mach ä bissl midd, wennde weesd, dass de langsam bisd.*
Ich werde dir gleich helfen.	*Isch mache glei ä bissl midd.*
Schau mal, der Angeber da drüben.	*Gugge ma, der Grohsgodds da.*
Nun werde ich aber wütend.	*Jeds wärre isch abor fuchs'sch.*
Gleich gibt es eine Prügelei.	*Jeds gibds Wammse.*
Schau mal, der Idiot.	*Gugge ma, die Schmuds-prussd da.*
Halt den Mund!	*Machn Schachd ran!*
Du verdammter Nichtsnutz!	*Du ählender Vachabunnd, du!*
Mach kein Gesicht.	*Zieh genne Fläbbe.*

Lass das Nörgeln.	*Hähre off midd gähgn.*
Du bist doch nicht ganz dicht.	*Du hasd doch ä Drillor undorm Bonnieh.*
Jetzt schlägt's aber Dreizehn.	*Jeds wärd dor Hund in dor Fanne verriggd.*
Jetzt ist mir alles egal.	*Droff geschissn.*

Affnhals
Steht für einen ziemlich unangenehmen Mitmenschen. Wie man irgendwann auf den Vergleich mit den Affenhälsen gekommen ist, darüber streiten sich die Wissenschaftler bis heute.

Bädse
Wer kann schon eine Petze leiden? Niemand. Selbst der so nachsichtige Sachse findet die „Bädse" doof. Und das will schon was heißen. Deswegen: „Bädsn" ist nicht!

blähgn
Schreien oder plärren; wird meist den Kindern angedichtet, die bei der kleinsten Unstimmigkeit laute Töne des Missfallens von sich geben. Aber genauso schnell wie der Kummer kommt, geht er wieder. Natürlich können auch Frauen ziemlich heftig „blähgn", nur bleibt der Kummer da wesentlich länger. Kann man wohl nicht ändern.

Blebbs
Abkürzung, abgeleitet von Plebejer. Damit spricht man abfällig vom ganz einfachen Volk sowohl in Aussehen als auch Benehmen. Aber Vorsicht: Während Sie andere Leute als „Blebbs" bezeichnen, machen wieder andere das Gleiche mit Ihnen. Man ist eben schneller „Blebbs" als man denkt. Liegt wohl im Auge des Betrachters.

buchn

Hier ist die richtige Aussprache ausschlaggebend – im wahrsten Sinn des Wortes. Das u wird kurz gesprochen, das ch stark betont. Das sächsische „buchn“ ist eine brutale Auseinandersetzung unter Zuhilfenahme der Fäuste. Auch möglich „globbn“ oder „haun“. In manchen Ehen wird „de Muddie gebucht“.

Mein Vater hatte in den 70ern ein Gespräch auf einer DDR-Polizeiwache, wo eine Reise zu seiner in Köln lebenden Mutter genehmigt werden sollte. Dabei ging es den Behörden auch darum, die sozialen Verhältnisse zu überprüfen. Wäre da Sand im Getriebe gewesen, hätten sie ihn nicht fahren lassen. Denn dann hätten sie ja damit rechnen müssen, dass mein Vater im Westen bleiben könnte, weil ihn dann nichts mehr im Osten halten würde. Und so sah der Polizist meinem Vater streng ins Auge und sagte: ***„Sache ma, mei Guhdor, buchsd du deine Alde manschema?“***

Buffor, dor

Hochdeutsch: Puffer. Nicht das beliebte Kartoffelgericht, sondern die wenig schmeichelhafte Bezeichnung für einen minderbemittelten Zeitgenossen. Es bedeutet Blödmann, Trottel, Idiot oder hirnloser Vollpfosten; ebenso gibt es „Dinnbreddbohror“, „Dohleddendiefdauchor“, „Gnusborgobb“, „Brummoggse“, „Dussldier“ oder einfach „Hirnie“.

Dämel

Dämlack, Trottel. Ein „Dämel" ist einfach ein Blödmann, wie er leider überall vorkommt. Gern auch bei Politikern und Polizisten angewendet.

Dreggschleidor

Nein, das ist nicht gut, wenn man nur Unwahres erzählt und sich im schlimmsten Fall noch überall miteinmischt. Damit macht man sich nur bei den Leuten beliebt, die ebenso solche „Dreggschleidorn" sind.

Drehdlfriddse

Ein lahmer Sack, ein Trödler der allerschlimmsten Sorte, der anscheinend glaubt, dass man seine Zeit im Lotto gewonnen hat. Immer muss man auf ihn warten, ständig kommt er zu spät. Wenn man ihn dann darauf anspricht, ist er entweder phlegmatisch gleichgültig oder total beleidigt. Sehr schwer zu ertragen.

Du Jagob!

Der „Jakob" gilt in Sachsen als schlicht gestricktes Wesen, für den Viagra eine Stadt in Italien ist und Niveau eine Handcreme.

fimforn

Die totale Ablehnung wird so ausgedrückt: „De gannsd misch ma fimforn!" Es geht aber auch etwas drastischer: „De gannsd misch ma fedd läggn!"

Forbreschor

Ein kriminelles Subjekt, ein hundsgemeiner Verbrecher. Gemeint sind aber häufig auch Politiker, Rechtsanwälte und Beamte. Irgendwie logisch!

Froschgörbor

Das steht für einen Hänfling, bei dem das Fehlen jeglicher Muskelmasse Anlass zur Häme gibt. Als ob der es nicht schon schwer genug hätte.

fuchs'sch

Wenn sich der Sachse ärgert, kann er fuchsteufelswild werden, eben so richtig „fuchs'sch". Dann wird er zunehmend laut, ungezügelt und im Notfall sogar handgreiflich. Ein Naturschauspiel ersten Ranges. Unbedingt Abstand halten! Oder besser: Gar nicht erst einen Sachsen verärgern.

fuchdisch

Fuchtig werden ist die Vorstufe zu echter Wut. Wenn die Gemütsruhe des Sachsen gnadenlos überstrapaziert wird, ist Schluss mit lustig. Das kündigt sich an mit den Worten: „Glei wärr isch fuchdisch, du Buffor!" Wenn dieser Ansage kein Gehör geschenkt wird, dann wird der Sachse „fuchd'sch".

Gamehl

Dieses Kamel ist zu dumm, einen Eimer Wasser zu tragen. Eher trinkt es ihn aus. Mit solchen Leuten übt der Sachse Nachsicht und so klingt das Wort nur halb nach Schimpfen und mehr nach liebevollem Tadel.

> *Fragt das Kind die Mutter: **„Muddie, wie schreibdn mor Banahne? Middn hardn B odor middn weichn B?“***
> *Sagt die Mutter: **„Midd ä weichn B, du Gamehl!“***

gähgn

Schimpfen oder schreien von unentspannten Kindern oder Frauen gilt als uncool und ist allgemein unbeliebt, weil es in Windeseile die ohnehin strapazierten Nerven schreddert. „Machn Schachd ran un hähre off midd gähgn!“ *(siehe auch „Schnabbor dichd!“, S. 84).*

Garussellbremsor, einarmischor

Ein beschränkter Zeitgenosse, der zu dumm ist, ein Karussell zu stoppen und deswegen Gefahr läuft, seinen Arm zu verlieren. Originelles Schimpfwort, wie?

Dor Saggse saachd – Der Sachse meint

Legg misch fedd!	*Leck mich am Arsch!*
De gannsd misch greidsweise.	*Du kannst mir den Buckel runterrutschen.*
Hähre off midd gähgn.	*Hör auf zu schreien.*
Jeds wärr isch risch'dsch disch'dsch fuchd'sch!	*Ich glaub, jetzt flippe ich gleich aus.*
Du Dämlagg, du.	*Du Idiot.*
Isch gönnde misch sinnlous midd Schbageddi behängn.	*Ich könnte durchdrehen vor Wut.*
De bisd bleede wie ne Diehde Diehrglinggn.	*Du bist so dumm wie eine Tüte Türklinken.*
De hasd n Schuss nisch gehärd.	*Du bist völlig durchgeknallt.*

Gesischdsfümf

Steht für eine optische Benotung. Mit diesem Gesicht landet man bei der Schönheits-Wahl garantiert auf den hinteren Plätzen. Die Gesichtssechs gibt's nicht. So böse ist der Sachse dann doch nicht. Zum Glück.

globbn

Auch „buchn", „schlachn", „haun". Wer in eine Schlägerei gerät, „grichd Globbe" oder „dn Wannsd voll!" Auch Sachsen gehen „manschema" die Argumente aus.

Graf Gohgs

Dieser Adlige ist nicht von blauem Blut, sondern tut allerhöchstens so. Ein großspuriger Hochstapler, Möchtegern und Angeber. Glücklicherweise leicht zu entlarven, denn vom Erhabenen zum Lächerlichen ist es oft nur ein kleiner Koks, äh – Schritt.

Grohsgodds

Beim „Graf Gohgs" ist noch eine Spur Sympathie dabei. Der „Grohsgodds" ist die unerträgliche Steigerung. Weitere Bezeichnungen: „Binsl", „Glabbsgobb", „Glabbsrich", „Glabbsor", „Läggarsch".

6!!!
M. Kops

gniedschn

„Gniedschn“ ist ein sicheres Zeichen für schlechte Laune, und die mag der Sachse überhaupt nicht. Im Gegenteil. Gerade wenn einem das Wasser bis zum Hals steht, sollte man nicht den Kopf hängen lassen. „Dor Saggse duhd nich gniedschn, dor Sachse singt ä Liedschn“ (Jürgen Hart).

Die Weichen besiegen die Harten

Im Sächsischen gilt die Regel ***„De Weichn besiehchn de Hardn“****. Das ist weniger ein politisches oder sportliches Bekenntnis als vielmehr ein eindeutiger Hinweis auf die Aussprache. Es existieren nämlich praktisch keine harten Konsonanten wie p, k, t und x. Alles wird weich, zärtlich und entspannt ausgesprochen. Deshalb sind die am meisten benutzten Buchstaben b, d und g. Denn Sächsisch ist kein brutaler Dialekt, Sächsisch ist eben liebevoll. Das wirkt sich sogar auf jeden Besucher Sachsens aus. Schon kurze Zeit nach der Ankunft werden Sie merken, wie Ihre Ohren entspannen und eine heitere Gelassenheit Einzug hält. Das ist eben auch ein Verdienst dieser goldenen Regel.*

Wenn Sie die bei der Aussprache befolgen, werden Sie im Zweifelsfalle immer alles richtig machen. Sicher gibt es auch hier Ausnahmen, aber sind die denn nicht dazu da, die Regel zu bestätigen?

Gnohdn, hässlicher

Die Physiognomie dieses Menschen ist selbst mit einer aufwändigen Schönheits-OP nicht mehr zu retten. Gilt im Grunde nur für Männer.

Grähbl

Ein Flegel, ein Kretin, eben ein richtiger Krepel, zu allem fähig, aber zu nichts zu gebrauchen.

halbor Hahn

Ein kleiner, schmächtiger Typ, den man leicht übersieht. So ein halber Hahn hat's sichtlich schwer. Und Frauen stehen auch nicht gerade auf solche Typen. Hart ... *(siehe auch „Froschgörbor“, S. 73).*

Hübbor

Eigentlich aus dem Armee-Jargon für neue junge Soldaten. Wird aber auch im Handwerker-Milieu eingesetzt für Lehrlinge. Denn die müssen ja auch immer „hubben“, wenn der Meister ruft. Klingt wesentlich lustiger als es ist. „Hübborjahre sinn ähmd geene Härrnjahre!“

Loarfe, de

Die Larve hat nichts mit Insekten zu tun, sondern meint lediglich die Bezeichnung eines mittelmäßig hübschen Gesichts. Gilt für Männer und Frauen.

Loddrisch

Ein Lotterbube, der sein Leben genießt und dem Müßiggang nicht abgeneigt ist. Frauen werden in diesem Zusammenhang gern „heissor Fehschor“ genannt. Das ist auf jeden Fall ein positives Attribut. Das komplette Gegenteil zum Spießer.

Luhdor

In erster Linie abwertende Bezeichnung für eine Frau, kann aber auch durchaus einen lobenden Unterton haben, denn „so ä Luhdor gann ziemlisch gläwor sein“.

Luhdorbeen

Tritt das Luhdor in Einzelteilen auf wie als „Luhdorbeen“, dann ist Hopfen und Malz verloren: So jemand ist selbstsüchtig, gemein und verschlagen. Wer ein „Luhdorbeen“ zum Freund hat, braucht keine Feinde.

Luhmich

Ein Schlingel, Hallodri oder ausgebuffter Geselle, der hier eine gewisse liebevolle Akzeptanz genießt. Die gleiche kritische Wertschätzung schwingt in den Worten „Läuseräddsch“ oder „Roddsläffl“ mit.

Mährde

Wenn Sie jetzt auf das französische Wort „Merde“ getippt haben, liegen Sie genau richtig. Glückwunsch! Sie sind gebildet, weltoffen und fantasievoll. Aber wissen Sie auch, was das Wort bedeutet? Ja, genau.

Mährlohb

Der „Mährlohb“ ist ein langsamer Zeitgenosse, auf den alle warten müssen. Klingt poetisch-freundlich, ist es aber überhaupt nicht.

Mährmuhs

Einer, der immer was zu fummeln hat und ewig nicht aus dem Knick kommt, ist ein „Mährmuhs“. Einer allein ist schon schwer zu ertragen, aber ein paar auf einem Haufen kosten dich locker ein paar Jahre deines Lebens *(siehe auch „mährn“, S. 26)*.

Muggiehs

Wer optisch kraftvoll wirken möchte, sollte seine „Muggiehs“ in der „Muggieh-Buhde“ stählen. Danach steht dann ein Besuch beim „Assi-Dohsdor“ an *(siehe S. 92)*. Aber nicht übertreiben, sonst sehen Sie aus wie ein „Schdeggdohsn-Neeschor“ *(siehe S. 84)*.

Zwei Sachsen betrachten ein Auto, an dem das Kennzeichen GB für Great Britain steht.
„Weeste, was das heest?“ „Gloar, das heest Geenichreich Bohln“. „Ä, Gwaddsch midd Sousse, das heest Griminahlbollidsei!“

Nieslbriehm

Ein „Nieslbriehm“ ist eine verträumte oder leicht beschränkte Person mit einer ziemlich langen Leitung *(siehe auch „Mährmuhs“, S. 81).*

ningln

„Ningln“ ist oft die Vorstufe zum „gähgn“. Ein „Ningler“ kann aber auch ein stiller, unzufriedener Mensch sein, der eigentlich gar nicht so richtig weiß, warum er so schlechte Laune hat. Bis er das rausgekriegt hat, „ninglt“ er unaufhörlich vor sich hin. Nicht schön.

Oufn

Meint sowohl die Heizung, ist aber auch das Synonym für Vollidiot. Warum, weiß keiner. Klingt wohl gut und lässt sich leicht merken.

Raudieh

Diese Bezeichnung ist direkt aus dem Englischen eingesächselt. Der zumeist jugendliche Rowdy verhält sich in jeglicher Hinsicht asozial. Er tritt meist in Rudeln auf, denn allein ist er erstaunlich feige. Besser, man geht solchen „Raudiehs“ aus dem Weg. Noch besser, man zeigt hier und da etwas Zivilcourage.

Sagg-Gesischd

Definitiv keine schmeichelhafte Beschreibung des Gegenübers. Achtung: Wenn dieses Schimpfwort benutzt wird, sollte man lieber keine Widerworte mehr geben.

Sauhaggsch

Nein, hier gibt es weder Gnade, Verständnis noch Toleranz. Ein „Sauhaggsch" ist schlimmer als ein Schweinepriester – er ist ein krimineller und rücksichtsloser Mistkerl. Für diesen miesen Drecksack kennt der sonst so milde gestimmte Sachse nur Verachtung.

Schimpfen

Der Sachse schimpft gern, doch es dient meist nur der liebevoll-strengen Zurechtweisung oder dem Stressabbau. Oft benutzt er alltägliche Dinge als Schimpfworte, wie etwa ***„Oufn"*** *oder* ***„Buffor"****. Selbst das auch anderenorts gebräuchliche* ***„Gamehl"*** *läuft in Sachsen zu nie gekannter Hochform auf.*
Das gewöhnliche Schimpfwort ist für den Sachsen keine Herausforderung. Er strebt nach Originalität: Unendlicher Erfindungsreichtum zeigt sich in Worten wie ***„Schmudsprussd"****,* ***„Treggbeen"*** *oder* ***„Froschgörbor"****. Ganz zu schweigen vom* ***„einarmischen Garussellbremsor"****. Das ist wahre Poesie.*

Schbruhds

Ein junger, zarter, noch unwissender, manchmal zu klein geratener Kollege, den niemand für voll nimmt. Wird auch für Lehrlinge angewendet, eigentlich für jeden Anfänger. „Schbruhds“ zu sein ist hart, aber eins ist sicher: Es geht irgendwann vorbei.

Schdeggdohsn-Neeschor, dor

Ein Mensch, dem man ansieht, dass er seine Körperbräune ausschließlich dem Solarium verdankt. Die bildhafte Sprache ist absolut typisch für das Sächsische.

Schlaffiddschn

Das ist der Nacken, an dem man gerne mal aus rein pädagogischen Gründen zur Räson gezogen wird. Möglich ist auch „äs Genigge“ oder „dor Ganndhagn“.

Schmudsprussd

Ungepflegter Mensch, der durch sein egoistisches Wesen auffällt. Seltsamerweise bezeichnen sich „Schmudsprüssde“ auch untereinander so. Ein Zeichen der Selbsterkenntnis? *(Siehe auch „Affnhals“, S. 70.)*

Schnabbor dichd!

Sächsische Variante zum englischen „Shut Up!“ Ebenso gilt „Schachd ran!“ Klingt allemal besser als ein hartes „Schnauze!“ Ist aber genauso ernst gemeint.

OAH,
DA IS WOHL
EENE LAMBE
GABUDD.
M. KOOPS

Subbe, arme

Nein, dieser Begriff steht auf keiner Speisekarte. Er steht vielmehr für eine bedauernswerte Person, einen ausgesprochenen Pechvogel.

„Schmudsprussd"
ist ein sehr schönes Beispiel für die Ausnahmen bei der sächsischen Aussprache. Denn die normale ***„De Weichn besiehchn de Hardn"****-Regel greift hier nicht. Die übermächtige Abscheu vor dem bezeichneten Widerling veranlasst den Sachsen dazu, ein hartes „P" zu benutzen. Das gilt ganz genauso auch beim* ***„Treggbeen"****.*

Treggbeen

Abfällige Bemerkung über einen miesen Zeitgenossen. In der Hitliste sächsischer Schimpfwörter steht dieses Wort ganz oben. Denn es offenbart die unmissverständliche Abscheu auf wundervoll poetische Art.

Vachabunnt, dor

Das leicht altmodische Schmimpfwort bezeichnet einen leichtsinnigen, arbeitsscheuen Menschen, der auf Kosten anderer in den Tag hinein lebt. Das Gleiche meint „Haloudri", „Duhnichguhd" oder „Barahsiehd".

Vouchl, dor

Sowohl der ornithologische Sammelbegriff als auch die abwertende Geringschätzung eines Fremden: „Wassn das für ä Vouchl?“ Der „schräsche Vouchl“ ist ziemlich suspekt. Ganz schlimm aber ist der „miese Vouchl“ – der ist einfach nur mies!

und schlänchd
dor Arsch
ooch Falldn,
mior bleibn
doch die Alldn.

Kapitel 5

Sächsisches Allerlei

Crashkurs

Die Dummen haben immer Glück.	*Dumm hadd Schwein.*
Ein Gast ist beliebt, wenn er geht.	*Ä Gasd is gärn gesähn, wenn mor sein Orsch siehd.*
Das macht keinen Unterschied.	*Gehubbd wie geschbrungn.*
Ist der Gastgeber fröhlich, so sind es auch die Gäste.	*Wennde als Gasdgäbor geene Fläbbe ziehsd, da feixn ooch de Gäsde.*
Was nützt alle Weisheit, wenn die Dummheit regiert.	*Was gannch midd meinor Schlauheed anfangn, wenn ieborall de Doofn regiern.*
Es gibt Schlimmeres im Leben.	*Des is äm Gummor sei Gleensdor.*
Eine unattraktive Frau ist wirksamer als ein Zaun.	*Änne hässliche Alde is dor bässde Zaun um dn Gardn.*

Auch wenn wir alt werden, bleiben wir uns treu.	*Und schlähchd dor Arsch ooch Falldn, mior bleibn doch die Alldn.*
Je erfolgreicher Du bist, umso größere Probleme hast du.	*Je greeßor dor Gobb, umso greeßor de Gobbschmerzn.*
Kleine Dinge erledigen sich schnell.	*Ä gleenor Arsch is schnell geleggd.*
Geh nur zum Chef, wenn Du musst.	*Geh nich zu dein' Ferscht, wenn de nich gerufen werscht!*

Asche, de

Meint das Militär oder auch die ehemalige DDR-Armee NVA. Da hört man schon an der Bezeichnung, wie beliebt der Dienst an der Waffe war. Möglich ist auch „de Fahne". Manchmal steht es auch als Synonym für Geld: „Gomm, Aldor, reisch de Asche riebor!" *(Siehe auch „Schoddor", S. 104.)*

Assi-Dohsdor

Bräunungs-Studio oder Solarium, die vorverurteilende Abfälligkeit ist noch vom Mond aus zu erkennen – nicht ganz zu Unrecht *(siehe auch „Schdeggdohsen-Neeschor", S. 84).*

In der Leipziger Straßenbahn klingelt der Fahrer ohne Pause. Genervt fragt ein Fahrgast: ***„Was glingelsde denn? Es is doch gor gehnor da"****. Da sagt der Fahrer:* ***„Das weeß isch! Abor mir grabbld de Schuh-Souhle."***

Biggse

Zuerst einmal natürlich ein Behältnis, eine Büchse eben. Manche, natürlich männliche Sachsen bezeichnen damit aber Frauen oder speziell das weibliche Geschlechtsorgan. Äußerst fragwürdig und typisch „Blebbs".

Bläddbredd

Alte sächsische Bezeichnung für das Bügelbrett. Steht auch für flachbrüstige Frauen. Gemein! Dabei kann auch an flachen Küsten ein starker Sturmwind wehen, oder?

Bonbon

Nein, den kann man nicht lutschen, gemeint ist nämlich das Parteiabzeichen (der SED) am Revers.

Bordganndnlahdschor

Dieser Streifenpolizist wird niemals wie Sherlock Holmes knifflige Fälle lösen. Er ist und bleibt eben nur ein Bordkantenlatscher, der Radfahrer anhält und verwarnt, die keine Luftpumpe dabei haben. Muss ja auch jemand machen.

Essor Hubbdich

Ein aufgeregt lärmendes zweirädriges und zweitaktiges Fortbewegungsmittel aus DDR-Zeiten. Auch bekannt unter der Typbezeichnung „Simson SR 2". Nachsichtige Leute nennen so was ein Moped. Aber immerhin: Man kam von A nach B und wieder zurück – irgendwie.

Eleggdrische, de

Oder auch „de Bimmel" ist einfach die Straßenbahn, der Nahverkehrsfavorit in Leipzig, Dresden, Chemnitz und Zwickau. Der Sachse liebt seine Bimmel, da lässt sich das „Gemiedliche" so schön mit dem Nützlichen verbinden: „Eleggdrische" fahren beruhigt, schont die Umwelt und ans Ziel kommt man auch.

einsaggn

Oder auch „einholn" heißt woanders schlicht einkaufen. Beim „einsaggn" ist auch das hektische Hamstern gemeint. Zu DDR-Zeiten musste man das eben beherrschen, das Einsacken. Im Klartext: Man muss kaufen, wenn man's kriegt und nicht, wenn man's braucht.

Essngehror

Oder auch „Feierriehbl", Hochdeutsch: Der Feuer-Rüpel ist wie der Essenkehrer ein Schornsteinfeger. Hatten wir beim Feierriehbl schon ...

faggn

Achtung: Dieses Wort ist nicht englischen Ursprungs oder kommt aus dem Gossenjargon der Hip-Hop-Szene. „Faggn" oder auch „fefforn" meint werfen, schleudern oder kraftvoll hinschmeißen. Dabei ist es möglich, verschiedenste Dinge in die Ecke zu „faggn". Sogar sich selbst kann man so schwungvoll ins Bett befördern. „Da habbsch misch in mei Näsd gefaggd!"

Flahdschn

So ein großer Fleck auf dem Hemd kann schon hässlich sein. Manche nähen sich auch große „Flahdschn" als Ellenbogen-Schoner aus Leder auf den Pullover. Beide Varianten gehören nicht zur Kategorie „Hip & Cool".

Berühmte Sachsen

Die Liste berühmter Sachsen ist lang. Der große Johann Sebastian Bach ist zwar in Thüringen geboren und aufgewachsen, zum großen Komponisten wurde er aber erst in Sachsen. Karl May musste seine sächsische Heimat nie verlassen, um uns den Wilden Westen nahe zu bringen. Dass August der Starke nur in Sachsen dermaßen zu der Hochform auflaufen konnte, um 354 Nachkommen zu zeugen, mag ein Gerücht sein – die Zahlen sprechen allerdings für sich. Dass der erste große Bond-Bösewicht namens Goldfinger durch den Sachsen Gert Fröbe gespielt wurde, konnte man mit geübten Ohren nicht überhören. Und auch das „schönste Gesicht des Sozialismus", Kati Witt, ist aus Sachsen. Genau wie Walter Ulbricht, auf den wir allerdings nicht so stolz sind. Aber: Erich Honecker, den uns ja so einige in die Schuhe schieben wollen, ist Saarländer, damit das ein für allemal klar ist.

Fläbbn

Der „Fläbbn" hat nichts mit der „Fläbbe" zu tun. „Der Fläbbn" ist der Führerschein. „Fohr ni wie ne gesängte Sau, sonsd issor wegg, der Fläbbn." Manchmal meint der „Fläbbn" auch den Personalausweis.

Dor Saggse saachd – Der Sachse meint

Des is ä Kruuschd.	*Das ist billiger Kram.*
Ä bleedes Vieh.	*Ein selten dämlicher Mensch.*
Selber assen macht fett!	*Jetzt bin ich dran!*
Deor machdn Harddn.	*Der spielt den Starken.*
Mach dir nur keen Flegg ins Hemde!	*Stell dich bloß nicht so an!*
Der hot mir mit'n Zaunsteggen gewinkt.	*Der hat mir mit Schlägen gedroht.*
'Sch gehe ma de Gardoffln abgieesn.	*Ich muss mal auf die Toilette.*
Deor duhds'sch nuor schähdschn.	*Damit schädigt er nur sich selbst.*
Mach geene Mährde.	*Mach keinen Quatsch.*

'SCH GEHE MA
DE GARDOFFLN
ABGIEESN.
UND
ER HILFT
SOGAR IM
HAUSHALT.
M. KOPS

Flieschor

Die sanft einlullende Variante der Kurzform für Flugzeug. Macht es das In-drangvoller-Enge-stundenlang-eingeklemmt-Sitzen auf dem Weg in den Urlaub nicht gleich viel heimeliger? Man kann damit aber auch den Piloten meinen: „Flieschor, grieß m'r de Sonne ..."

Funnsl

Die Funzel ist eine kleine Öllampe, die auf der Veranda oder im Keller überaus hilfreich ist. Heute nimmt man zumeist eine Taschenlampe. Unromantisch, aber wenn die runterfällt, ist es ungefährlich.

Füddsnhubber

Ein Pfützenhüpfer ist kein Frosch, sondern ein klappriges Fahrrad oder ein altes Moped – weniger ein Fahrzeug, mehr eine Gehhilfe. Aber besser als nichts.

Ein Fahrgast fragt den Busfahrer: **„Sachensema, fahrn Sie nach Gödschnbrouhda?" „Nee, da gommer grahde her!" „Siehsde, da binn'sch doch risch'dsch eingeschdiehschn!"**

gacheln

Wird im Heimwerker-Bereich benutzt, aber auch von jungen Leuten, die gern schnell fahren: „Da binnsch dorsch de Schdrahssn gegachld“. Außerdem ist es eins der zahlreichen Synonyme für Sex, allerdings ein überaus unromantisches *(siehe auch „bimmborn“, S. 60).*

Gallg-Leisde

Wenn man das Hemd nur selten wechselt, sammelt sich am Kragen Schmutz. Das sieht nicht gut aus. Leute, die eine „Gallg-Leisde“ haben, verraten mangelnde Hygiene und kommen nicht nur bei der sächsischen Damenwelt nicht gut an. Wenn schon der Hals verdreckt ist, wie sieht dann der Rest aus?

Gelummbe

Oder auch „Zeich“ haben manche Sachsen reichlich. Was das ist? Alles Mögliche, von ganz nützlich über hübsch bis zum absoluten Staubfänger. Wenn man zu viel „Gelummbe“ hat, von dem man sich nicht trennen kann, dann ist man möglicherweise ein Messie und sollte sich Hilfe holen. Manchmal reicht auch schon die Müllabfuhr.

de Stube is gewissn

Diese Formulierung hat nichts mit Moral zu tun. Sie ist viel profaner und meint nur „Das Zimmer wurde gestrichen (geweißt)."

Glabbsmiehle, de

Ort zur Unterbringung für mental instabile Menschen. Oft verwendet im privaten Bereich: „De gehärsd doch innde Glabbsmiehle!"

Gnäbbe, de

Natürlich: die Knöpfe. Aber auch die Brustwarzen – insbesondere die weiblichen. Ebenso die Augen. Oder auch eine Horde Kinder und Kleinwüchsiger: „Guggemada, die gleen' Gnäbbe!"

Gwadrahdlahdschn

Diese Füße sind so gewaltig groß, dass es schwer ist, dafür in normalen Schuhgeschäften fündig zu werden. Möglich ist auch die nettere Variante: „de Gwanndn".

gwardsn

Mittlerweile muss man ja einen Ausflug auf den Balkon bzw. vor die Tür machen, wenn die Frage fällt: „Gommsde midd eene gwardsn?" Ja, der eine oder andere raucht eben doch noch, allen Preisexplosionen und Anfeindungen zum Trotz.

Gworgmaugn, de

Nicht unbedingt gut riechende Füße, auch „de Gähselahdschn“ oder „de Schweeßbemm“.

hinsoggn

Auch „hinsebbln“ – auf Hochdeutsch: hinrennen. Dazu muss man kein Sprinter sein. Es reicht schon, wenn man die Gehgeschwindigkeit etwas erhöht und in sanftem Zuckeltrab zum Ziel strebt: Eile mit Weile.

Kruuschd

Nutzloser Krempel oder Müll, der nur Platz wegnimmt. Sollte auf keinen Fall überhand nehmen. Schließlich soll der Besuch sich doch wohl fühlen.

lawehde

Instabil, wacklig. Nach Meinung von Linguisten zählt „lawehde“ zu den bedrohten sächsischen Wörtern. Deshalb sollte man es bei jeder sich bietenden Gelegenheit verwenden. Sprich das bedrohte Wort, solange es geht, wenn's erst verschwunden ist, ist es zu spät.

muddln

Auch „rummuddln“ beschreibt wie „mährn“ eine gemütliche, langsame Beschäftigung ohne bestimmtes Ziel. Sinnlos, aber sehr entspannend. Deswegen sollte man unbedingt regelmäßig „ä wänich muddln“.

nein fefforn

Ähnlich dem „Faggn“ ist es eine Variante für schwungvolles Hineinwerfen oder Schleudern. Macht Spaß und baut Stress ab. In jedem Manne (und durchaus auch in jeder Frau) ist ein Kind versteckt, das will „nein fefforn“.

Muhdsl

Staubflocke, Fussel. Der Alptraum jeder Hausfrau. Das gleiche Wort steht auch für Schneeflocken: Im Winter 1979, als enormer Schneefall weite Teile des Landes lahm legte, nannten die Sachsen den eisigen Niederschlag „de Gadasdrohfn-Muhdsl“. Und wieder war eine Katastrophe klangvoll entschärft ...

Das ä am Ende

Vahdie-äääää! Muddie-äääää! *Ja, wir sind in Sachsen. Hier wird gern ans Ende eines Wortes ein ä angehängt, quasi als akustisches Ausrufezeichen. Die Intensität variiert nach Bedarf. Während beim flehend-fordernden Ruf nach den Eltern dieses -äää ein gutes Stück länger sein darf als das Wort an sich, fällt es an anderer Stelle überraschend kurz aus: etwa beim scharfen Befehl:* ***„Düren zumochen-ä!“*** *oder auch bei der nörgelig-aggressiven Frage:* ***„Wasdn-ä?“*** *Im ersten Moment mag dieser Anhang überflüssig erscheinen, doch er transportiert so viel Emotion und massenhaft Subtext, sodass man nicht mehr davon lassen will. Hohes Suchtpotential! Also, Vorsicht!*

Rahdscho

Es hat zwar nicht mehr den Stellenwert wie vor 40 Jahren, aber der Sachse hört immer noch gern Radio. Das „Rahdscho", auch liebevoll als „Gofferheule" diffamiert, dudelt Musik jeglicher Art und informiert über Staus, Politik und andere wissenswerte Ärgernisse.

Redewendung

Mir Sachsen, mir sin helle,
mir drinken aus dr Quelle,
die andern, die sind dumm,
die latschen drinne rum.

rumguddschn

Der Sachse reist gern und „guddschd" unentwegt durch die Welt – in alle vier Himmelsrichtungen und über alle sieben Meere. Kein Ziel ist zu heiß, zu kalt und schon gar nicht zu weit. Wie sagte einst schon Otto Reutter: „Ein Sachse ist immer dabei."

Schmieche
Der Gliedermaßstab bzw. Zollstock ist für den Handwerker unverzichtbar.

Schdreischbeen
Liebevolle Bezeichnung für ein Streichholz. Ein Schulfreund beschrieb sein Faschingskostüm so: „Da geh isch naggsch, rouhd wärre isch von alleene!"

Roddsfahne
Ein ziemlich benutztes Taschentuch, unbedingt aus Stoff. Eklig – ja. Ein Relikt aus dem letzten Jahrhundert, schließlich sind Taschentücher heute ja meist aus Papier. Und eignen sich daher nicht als „Roddsfahne".

Schegge
Wenn der Sachse einen auffordert: „Bagge deine Schegge!", so meint er eine Tasche bzw. die Dinge, die man z. B. für einen Ausflug benötigt, zum „Rumguddschn" eben. *(Siehe auch „Habschn Bahbschn", S. 23.)*

Schoddor, dor
Das schnöde Geld. Der Sachse hat jede Menge Begriffe dafür, wie „dor Giehs", „de Mäuse", „dor Gnaddor", „de Binunnsn", „de Asche" oder „de Gnehde". Bloß nicht so wichtig nehmen, das verdammte Geld.

Spitznamen

Der Sachse neigt dazu, großzügig Spitznamen zu verteilen. Dabei stehen Äußerlichkeiten im Vordergrund wie Körpergröße bzw. -form: **Langor, Großor, Gleener, Gurzor, Diggor, Schmalor**. *Auch Haarfarben und -längen:* **Schwarzor, Blondor, Longhaarichor, Logge** *– wobei letzteres gern für Menschen ohne Haare verwendet wird. Spaß muss schließlich sein. Daneben gibt es Sammelbegriffe, wie den universell einsetzbaren* **„Schbordsfreund"** *oder die liebevoll geäußerte* **„Sieße"**, *der* **„Hose"** *(ja, das Tier!) oder auch der* **„Schnuggel"**. *Hat man erst mal so einen Spitznamen, ist das die erste und wichtigste Stufe der Anerkennung und Eingemeindung.*

vorrichdn

Der Sachse ist erklärter Hobby-Handwerker. Das „Vorrichdn" ist das Einrichten und Renovieren der heimischen Bleibe. Von der Raufasertapete bis zum Wintergarten – es ist eigentlich immer was zu tun. Und das mit der typisch sächsischen Leidenschaft und Gründlichkeit. Wenn man dann irgendwann mal fertig ist, fängt man einfach wieder von vorne an.

Kapitel 6

Sächsisch für Fortgeschrittene

Crashkurs

Bitte lass das Träumen.	*Hähre off midd Deehsn.*
Ich habe Bauchschmerzen.	*'Sch habbe Wannsdrammln.*
Das ist Müll.	*Sou ein Moousch.*
Puh, ist das stickig hier.	*Oah, is das ne Dämmse.*
Kommst du mit in die Disco?	*Gehn mor in de Zabbelbuhde?*
Wann fährt die nächste Strassenbahn?	*Wenn gehdn de Eleggdrische?*
Wer hat als Letzter beim Skat die Karten verteilt?	*Wer gabn?*
Am Samstag gehe ich zum Thomaner-Chor und lausche der Motette.	*'Sch gehe in de Modedde.*
Da musst Du mal reinschauen.	*Da mussde ma nein illorn.*

Der Mann hat keine Muskeln, der ist schwach.	*Der Gerl hadd geeene Muggiehs, der is labbsch.*
Hier, mein Junge, sind Bonbons.	*Hior, mei gleenor Silborseggsor, sinn ä bahr Schnongse für disch.*

anhibbschn
Wer zu einer Party geht, macht sich „hibbsch“. Obwohl in Sachsen die schönen Mädchen auf den Bäumen wachsen, kann es nicht schaden, ein wenig nachzuhelfen. Gut „angehibbschd“ ist halb gewonnen.

anscheuseln
Verkleiden, ankleiden. Dieser Begriff hat einen bösartigen Unterton. Denn Verkleiden hat nichts mit „anhibbschn“ zu tun, sondern ist Vortäuschen falscher Tatsachen. Wer wacht schon gern am nächsten Morgen neben einer Mogelpackung auf?

bullgsn
Schwere Arbeit wird in Sachsen „bullgsn“ genannt. Weil es anstrengend und schweißtreibend ist.

buts'sch
Putzig oder niedlich, süß, liebenswert und witzig im besten Sinne. Da ist man doch gerne „buts'sch“, auch wenn man aus dem Alter raus ist, wo man niedlich sein möchte. Besonders als Mann.

Dämmse
Auch „de Bullnhidse“. Hat fast tropische Ausmaße mit hoher Luftfeuchtigkeit. Am besten viel trinken, wenig bewegen und nichts tun.

DOR HERR NÄBN UNS SAACHDE GRADE WAS VON DÄMMSE - SO WARM FIND'SCHS GOR NI!
M. KOPS

Deechaffe

Der „Teigaffe" ist die originelle, wenn auch wenig schmeichelhafte Bezeichnung für den Bäcker. Andere Bezeichnungen: „dor Deechwammsor", „Fannguchnmongdeer" oder „dor Semmldechniggor". Nichtsdestotrotz liebt der Sachse seine Teigaffen bzw. Bäcker.

deehsn

Dösen, träumen, unaufmerksam sein. Wer döst, macht sich nicht immer Freunde in Sachsen. „Hehre off midd Deehsn!" ist die unmissverständliche Aufforderung zur Mitarbeit, die man nicht ignorieren sollte.

dieschorn

Hier wird sehr sinnlich und umgangssprachlich veranschaulicht, wie es sich für den Sachsen anfühlt, wenn er schnell einen Berg besteigt: „Da simmor n Bärsch noff gedieschord!" Dass der Sachse dabei den König des Dschungels, den „Dieschor" bzw. den Tiger bemüht, zeigt sein gesundes Selbstbewusstsein. Warum wenig, wenn's auch viel sein kann?

*Was sagt ein Sachse in New York, wenn er einen Tannenbaum kaufen will? – **„Ätännschn, bliehs!"***

diggschn

Wer „diggschd“, der schmollt. Eigentlich dürfen das nur Kinder und junge Frauen, neuerdings üben es aber auch Politiker. Kann für die nähere Umgebung extrem anstrengend sein. Kinder kriegen irgendwann eins hinter die Ohren, junge Frauen werden scharf zurechtgewiesen, aber was macht man mit den Politikern?

Dinnfiff

Oder „floddor Oddoh“, beschreibt den Durchfall. Äußerst unangenehm, besonders auf Reisen, wo doch der Sachse so gerne „rumguddschd“.

Donnerliddschn

Bedeutet soviel wie „Donnerwetter“ – ein Ausdruck großen Erstaunens. Sollte sparsam eingesetzt werden, um die Wirksamkeit nicht zu verwässern.

Fehds

Auch „Geigl“. Bezeichnet eine fröhliche Runde, große Party oder riesige Gaudi. Da der Sachse gerne feiert und grundsätzlich gastfreundlich ist, freut er sich über jede Gelegenheit zum „Fehds“.

Gang'gor

Ein „Gang'gor“ ist kein Mitglied einer kriminellen Vereinigung, sondern eine Spinne namens Weberknecht, die sich durch ihre langen Beine auszeichnet und bei manch eigentlich emanzipierter Frau Schreikrämpfe auslöst.

Giggorliese, änne

Diese Frau lacht immer und überall. Sie „giggord" ständig. Zwar wird Humor in Sachsen groß geschrieben, aber dauerndes „Giggorn" geht ganz schön „offn Gehgs". Merke: Lachen ist gesund, „giggorn" nervig.

Gingorliddzschn

Die Kinkerlitzchen oder auch Kleinigkeiten sind oft das Salz in der Suppe des Lebens. Das weiß der Sachse – er duldet und pflegt sie deswegen. Es kommt im Leben eben häufig auf die Details an. Man kann das Wort natürlich auch abfällig und mahnend verwenden: „Was hasd'n du da schoun widder für Gingorliddzschn??"

Gnäggorschn

Wer Urlaub hat und abends am Strand sitzt, genießt ein lodernd-knackendes Lagerfeuer. Leider verfügt Sachsen über wenig Strand. Glücklicherweise geht's auch ohne, so „ä scheenes Gnäggorschn".

Goofmisch

Schlicht und einfach ein Kaufmann, Händler oder Verkäufer. Das Wort stammt aus der guten alten Zeit, als man auf Märkten seine Ware anpries: „Leide, goofd das Dseich!" Leider verdrängt die Shopping Mall das schöne Wörtchen „Goofmisch".

Dor Saggse saachd – Der Sachse meint

Hasde dei Habschn Bahbschn?	*Hast du auch nichts vergessen?*
Hehre off midd Geigln.	*Lass das Blödeln.*
Wer keene Sorchen hat, macht sich welche.	*Dir geht's doch viel zu gut!*
Wie's kommt, werd's gefressen!	*Man muss es nehmen, wie es kommt!*
Iiieehh! Ä Gang'gor.	*Hilfe! Eine Spinne.*
Mussde immer diggschn?	*Kannst du auch mal nicht übellaunig sein?*
Isch bagge meine Schegge.	*Ich packe meine Sachen.*
Isch gloobe, deor machd sei Schdärbschn.	*Ich denke, er stirbt jetzt.*

Gorl-Morgs-Schdodd

Die Stadt Chemnitz hieß zu DDR-Zeiten Karl-Marx-Stadt. Darauf konnte auch nur die DDR kommen.

Historiker rätseln immer noch, wie aus Chemnitz Karl-Marx-Stadt wurde. Karl Marx ist nie in Chemnitz gewesen, noch hatte er sonst einen geschichtlichen oder privaten Bezug zu dieser Stadt. Die Sachsen hatten ihre liebe Not, den neuen Namen verständlich auszusprechen – Karl-Marx-Stadt wurde die „Stadt mit den 3 O". Dazu kam der Kopf von Karl Marx als äußerst hässliche, überdimensional große, schwarze Steinskulptur, die das Zentrum der Stadt bis heute (verun)ziert. Weshalb die Chemnitzer der Straße den Namen ***„de Nischl-Allee"*** *verpassten (siehe S. 120).*

gouhmisch

„Nu, däs is aber gouhmisch" – ob lustig, seltsam oder eher bedenklich – das Wort passt immer. Es kann sogar streng sein: „Nu währe ma nisch gouhmisch!" macht klipp und klar, dass jetzt ein anderes Benehmen angesagt ist. Bei Unwohlsein klagt es sich schön unspezifisch mit „Mir is ä bissl gouhmisch ...". Das liegt bestimmt am Essen, „das schmeggde sou gouhmisch!"

Gombleggdeschachd

Bezeichnung aus dem NVA-Milieu für Mund. Die „Gombleggde“ (Komplekte) waren bei der Nationalen Volksarmee die Notrationen für den Ernstfall: fürchterliche Kekse, schlechte Schokolade und andere kaum genießbare Dinge. Gottlob gab es nie einen Ernstfall.

Grieche

Hier haben wir es mit einem Wort zu tun, dessen Bedeutung viele Interpretationsmöglichkeiten hat. Natürlich steht es für die Einwohner Griechenlands; oft meint es aber auch Krüge, aus denen man Wein einschenkt oder Bier trinkt – „de Grieche“. Der Soldat kommt heim aus „dem Grieche“; nicht schön ist's, muss man vorm Chef „griechn“. Die Polizei freut sich, wenn sie den „Forbreschor griecht“.

Guddlmuddl

Unordnung oder Durcheinander kommen tatsächlich auch in Sachsen vor. Ein bisschen Kuddelmuddel ist „gemichdlich“, größeres „Guddlmuddl“ sollte man aber dringend aufräumen.

Gunks

Stoß oder Schubser. Der sprichwörtliche Bums, der Wunder bewirkt. Manch „Mährmuhs“ wurde dadurch gerettet und zum wertvollen Mitglied der Gesellschaft.

illorn

Auch „schmuhln“ ist das heimliche Schauen durch Ritzen, Schlüssellöcher oder um die Ecke. Der sächsische James Bond „illort“. Man „illort“ auch, wenn man mit zugekniffenen Augen in die Sonne schaut.

innewänndsch

Inwendig würde man auf Hochdeutsch sagen. Aber das ist viel zu langweilig. 08/15-Formulierungen sind nichts für Sachsen. Das haben Sie längst gemerkt.

labbsch

Ein Stück Pappe ist „labbsch“, also nicht wirklich standfest. „Labbsch“ kann auch der männliche Sachse sein, dessen mangelnde Körperkraft Spott herausfordert. Mit dem Satz „Deor is doch labbsch!“ kann man sich im Notfall auch selbst Mut zureden, wenn das Gegenüber mit schlagenden Argumenten droht.

rammdeeßsch

Rammdösig kann man von vielerlei werden: wenn einen jemand andauernd zutextet: „De machsd eenen gands rammdeßsch mit dein’ Gesabbel!“, wenn es zu heiß ist, wenn man wenig geschlafen hat oder einem schlicht alles zu viel wird. „Rammdeßsch" bezeichnet einen verwirrten Zustand, in dem man nicht einen klaren Gedanken fassen kann.

rummgähsn

Dumm labern, sabbeln, daherreden, den reinsten Käse erzählen. Ebenso anstrengend wie sinnlos, passiert es leider viel zu häufig, dass irgendjemand „rummgähsd".

Sässlbuhbsor

Ja, mit den Beamten ist das so eine Sache. Der Sachse mag sie nicht, diese „Sässlforzor", „Baragrafenreidor" und „Bierouhängsde", die nur dazu da sind, einem das ohnehin schon schwere Leben zu verkomplizieren.

mäffn

Dinge und Personen können „mäffn". Dann riechen sie streng bis unerträglich: von bestimmten Käsesorten über Kläranlagen bis zu notorisch ungepflegten Mitmenschen. „Fui Deifl! Deor mäffd abor gemeene!"

Mässemännschn

Das berühmte Maskottchen der Leipziger Messe. Bösartige Menschen nennen eine zweite Bedeutung: Zu DDR-Zeiten wurden während der Messe aus so manchen anständigen Leipziger Frauen Amateur-Prostituierte, die ihre Liebesdienste für harte Währung anboten. Nicht selten gab es Nachwuchs, den die Leipziger liebevoll-spöttisch „Mässemännschn" nannten.

Nischl-Allee

Das Karl-Marx-Denkmal in Chemnitz ist so groß und klobig, dass die Karl-Marx-Städter der ganzen Straße drumrum diesen Spitznamen verpassten. Wer diesen Ausfluss sowjetischer Kunst-Produktion gesehen hat, begreift, wie elegant-zurückhaltend die einheimische Bevölkerung ihre Kritik formulierte: „So ä Nischl!“

Nuhdl, buts'sche

Hier ist keineswegs ein italienisches Pastagericht gemeint, sondern ein ulkiger Mensch *(siehe auch „buts'sch“, S. 110).*

Nuguggemada

Verblüffter Ausruf, der soviel bedeutet wie: „Na so was!“ Treffender und lebensbejahender kann man großes Staunen nicht zum Ausdruck bringen. Sowohl gemurmelt als auch laut herausgeplautzt. Wenn der Sachse verblüfft ist, steht er dazu. Ohne Wenn und Aber.

„Babbah, warum heissdn die Ohbor ‚Dannheisor'?“ „Na, weil dor Sängor danach heisr is, wennor den ‚Dannheisor' gesungen hat!“

DAS ALSO IST KARL MARX?
NEE, DAS IS DOR NISCHL!
M. KOPS

Schdeggdohsngassbor

Ja! Nicht immer neigt der Sachse zu Respekt und Würde. Einen Elektriker so zu bezeichnen, ist zwar lustig, kommt aber beim so Bezeichneten nicht gut an. Woher der Spott für diese Berufsgruppe kommt, ist nicht bekannt.

Schdoob

Staub ist, wie der kundige Linguist längst richtig übersetzt hat, nicht das, was er scheint. „Schdoob" ist das Trinkgeld, das Kellner, Taxifahrer und Möbelpacker mit Recht erwarten. Sollte der „Schdoob" allzu gering ausfallen oder gar ausbleiben, wird der Nicht-Empfänger sich das geradezu elefantös merken. Dann brauchen Sie sich nicht zu wundern, wenn Sie nicht bedient werden, den Flughafen nur über unfassbare Umwege erreichen oder der Schrank auf Ihrem Fuß abgestellt wird. Ein angemessener „Schdoob" – das weiß der kluge Sachse – ist eine sinnvolle Investition in die Zukunft.

Schnongse

So ein Bonbon oder auch Drops kann oft der Eisbrecher für ein schwieriges Gespräch sein oder angespannte Situationen spürbar auflockern: „Gomm, mei Gleenor, nimm ma ä baahr Schnongse!" Versuchen Sie's mal. Funktioniert geradezu verblüffend. Merke: Solange gelutscht wird, wird nicht gestritten oder geschlagen.

Serwierwannsd

Hier zeigt der Sachse seine für Uneingeweihte leicht missdeutbare Fantasie am Beispiel Kellner. Wirklich abfällig – und das mit voller Absicht – werden faule Kellner als „Serwierflähz“ betitelt.

Ssssou

Hier haben wir eines der wichtigsten sächsischen Worte. Es funktioniert in allen Lebenslagen wie ein Absatz im Text oder ein gesprochener großer Doppelpunkt. Danach kommt fast immer was Neues.

So

*Das unscheinbare deutsche Wort „so“ erfährt im Sächsichen eine vollkommen neue Würdigung. Aus dem kurzen Wörtchen wird das genüsslich verlängerte **„ssssou“**. Es ist der ideale Trenner zwischen verschiedenen Gesprächsthemen oder Handlungen. Es vermag gar anzuzeigen, dass ein neuer Lebensabschnitt beginnt. Sächsische Babies sagen als erstes Wort nicht „Mama“, sondern **„Ssssou!“** Nach erfolgreichem Heiratsantrag seufzt der Bräutigam: **„Ssssou!“** Und bei der Beerdigung hört man den Pfarrer tröstend sagen: **„Ssssou!“***

urscheln

Verschwenderisch sein. „Urscheln" ist kein wirklich beliebter Wesenszug, denn es geht fast immer einher mit „rummährn" oder „grouhsgoddzsch" sein. Obwohl es durchaus Spaß macht. Also, wenn Sie „urscheln", dann mit Augenmaß.

Wannsdrammeln

Medizinisch-poetische Bezeichnung von Magendrücken, Darmproblemen oder auch Blähungen. Man kann aber auch ganz einfach sagen: „Mior zwärnds inn Wannsd drinne!"

weeßgnebbschn

„Na so was!" oder „Schau mal einer an!". Der Ausdruck wird meist bei erfreulichen Ereignissen wie erwünschtem Nachwuchs, überraschenden Hochzeiten und unerwartet gewonnenen Fußballspielen benutzt.

Wurzlsäbb

Gärtner. Die Bezeichnung trifft den Tätigkeitsbereich des Gärtners zwar nur ansatzweise, dafür ist sie lustig.

Zäbbel

Großer Bengel, Seppel oder Lausejunge, der durch seine naiv-kindliche Unbedarftheit die Herzen aller Omis im Sturm erobert.

zäggn
Ärgern, rumstänkern. Wer „zäggt“, riskiert eine „digge Libbe“ und macht sich unbeliebt. Mal ehrlich: Wer sich mit einem Sachsen – der, wie schon mehrfach erwähnt, zu den nettesten und friedfertigsten Erdenbürgern gehört – nicht einigen kann, hat nichts anderes verdient!

Zärrwannsd
Musik spielt in Sachsen eine große Rolle. Nicht erst seit Johann Sebastian Bach. Es muss ja auch nicht immer die Orgel sein. Ein Akkordeon tut es auch – es ist ohnehin laut genug. Man kann auch „Gwäddschgommouhde“ oder „Ziehgwiedsche“ dazu sagen.

zordebborn
Zerschlagen oder kaputt machen. Beim Polterabend „wärds Geschärre zordebbord“. Natürlich fällt dem Sachsen auch mal aus Versehen was runter, oder der Sohn „zordebbord“ mit einem schönen Vollspannschuss die Wohnzimmerscheibe des Nachbarn. Zum Glück gibt’s „de Hafdpflischdversischerung“.

Blumbm
bäbbln
Schachd

Kapitel 7

Bedroht & Beliebt

Schnaube

Gaddschor

Sächsische bedrohte Wörter

Seit Luther, dem wir ja bekanntlich das sächsisch geprägte Hochdeutsch verdanken, hat dieser wunderbar weiche, melodische Dialekt einen massiven Imageschaden erlitten. Ganz schlimm machte es Walter Ulbricht, über dessen „Bardeigenossen“ zu DDR-Zeiten hingebungsvoll gelästert wurde. Dabei sächselte auch Richard Wagner, genauso wie Friedrich Nietzsche! Ganz zu schweigen von Erich Kästner oder Joachim Ringelnatz. Und der erste Deutsche im Weltall – Sigmund Jähn – war (selbstverständlich!) ein Sachse.

Und heute gilt dieser Dialekt als unsexy, proletisch, ja hässlich!? Das ist bedrohlich. Deswegen musste dringend etwas passieren: Seit 2008 wird von der Ilse-Bähnert-Stiftung das sächsische Wort des Jahres gekürt. In drei Kategorien: beliebtestes Wort, schönstes Wort und bedrohtestes Wort. Die Technische Universität Dresden unterstützt das „Awareness-Programm für Sächsische Mundart“, denn „aussterbende sächsische Wörter sollen gerettet werden, die Sprache der Sachsen wird gepflegt und gehegt, ihr Wohlklang in das Bewusstsein gebracht und die Mundart als wichtiger Teil der deutschen Sprache gefördert.“ – Gut so!

Die Mundartdichterin Lene Voigt (1891–1962) erfand jene Ilse Bähnert, die namensgebend für die Stiftung ist, die sich den Erhalt der sächsischen Sprache und Kultur zum Ziel gesetzt hat. Und so, wie der Sachse „nich dod zu griechn“ ist, wird auch seine Sprache überleben:

Unverwüstlich

Was Sachsen sin von echtem Schlaach,
die sin nich dod zu griechn.
Drifft die ooch Gummer Daach fier Daach,
ihr froher Mut wärd siechen.
„Das gonnte noch viel schlimmer gomm’“,
so feixen richtche Sachsen.
Was andre forchtbar schwär genomm’,
dem fiehlnse sich gewachsen.
Un schwimm’ de letzten Felle fort,
dann schwimmse mit und landen dort,
wo die emal ans Ufer dreim.
So is das un so wärds ooch bleim.

Crashkurs

Mist, genau das kleine Teilchen fehlt!	*Na suhbor, genau den Bibbus hamse vorgessen!*
Achtung, fass da nicht rein, sonst bekommst du einen Schlag!	*Bass off und fass da nisch nein. Sons grischsten Baddsch.*
Kein Problem. Das kriegen wir schon hin.	*Is doch gee Broblehm. Des ham mer glei ausglamiesort!*
Karin und Bernd vergnügen sich miteinander.	*Gahrin is middn Bernde hähbäbln.*
Wir haben keine Kartoffelpuffer.	*Griene Getzen hammerni.*
Ist es nötig so schnell deine Limo zu trinken?	*Musste so gulgsn?*
Achtung, Achtung, gleich gibt es mächtig Ärger!	*Sgladschglei!*
De grichsd glei een middor Rahdehugge!	*Ich haue dir gleich die Harke auf den Kopf!*

Heere off midd Urschn!	*Sei doch nicht so verschwenderisch.*
Hasdema ä Hiedrahchbräddl?	*Hast Du ein Tablett?*
Was habd ihr Briedor widdor ausgehäggd?	*Was habt ihr Jungs euch wieder ausgedacht?*
Mussde alles andadschn?	*Fass nicht alles an.*
Mache geen Umbochn!	*Bitte nimm keinen Umweg!*
Dor Vahdie is schdreusln.	*Dein Vater macht gerade Pipi.*

andadschn

Anfassen, berühren, streicheln, das gehört zu den Leidenschaften des ausgesprochen haptisch veranlagten Sachsen. Ob Kleidung, Essen, Blumen – es muss „angedadschd" werden. Wenn der Sachse jedoch eine Frau „andadschd", dann fragt er natürlich vorher um Erlaubnis, denn er weiß, was sich gehört und außerdem will er ja „keene voll offs Fressbrett". Vielleicht wegen seiner vielseitigen Verwendbarkeit das beliebteste sächsische Wort 2017.

anneforsisch

An und für sich nimmt sich der Sachse gerne Zeit für die schönen Dinge des Lebens. Nur muss die ja irgendwoher kommen und so werden Füllwörter gerne flott ausgesprochen, um sich nicht unnötig lange aufzuhalten. Und das ist „anneforsisch" völlig okay.

Asch, dor

Der „Asch" bezeichnet eine große Schüssel, ideal für Teig, Hackfleisch und Salat oder auch um die Kinder zu baden. „De Asche" wiederum kann sowohl der Rückstand verbrannten Materials sein als auch ein Slangwort für die Nationale Volksarmee *(siehe auch S. 92)*. Warum das Militär in der DDR so genannt wurde, ist allerdings unklar. Klar ist hingegen, dass „de Asch" und „de Asche" rein gar nichts miteinander zu tun haben. Verblüffend.

ausglamiesorn

Erinnern Sie sich noch an MacGyver? Der mit einem Stück Draht, einer Kugelschreiberfeder und einem Faden die Welt retten konnte? Ich wette, MacGyver war im Herzen und im Hirn Sachse, denn wenn es darum geht, irgendwie eine Lösung zu finden, vulgo aus Scheiße Bonbons zu machen, dann ist der Sachse ganz weit vorne. „Gäht ni' – gibt's ni'" lautet die Devise. Denn der Sachse kennt keine Probleme, sondern nur Lösungen, von kreativ bis verrückt.

Babborschmadz, dor

Leicht abfällige, lautmalerische Bezeichnung für breiige oder pürierte Nahrungsmittel, die Babies, Studenten, Frauen, Pantomimen, Gesundheitsfanatiker und Veganer gern zu sich nehmen. Wer dazu weiß, dass so mancher „Babborschmadz" ebenso lecker wie gesund ist, der lässt seine Vorurteile hinter sich und probiert einfach mal.

bäbbln

Zum „Bäbbln" braucht man „än babbschn" Fußball, also einen, dem schon ein bisschen die Luft ausgegangen ist. Notfalls gehen natürlich auch Steine, Flaschen oder leere Konservendosen, mit denen man genauso herrlich locker und fern jeden Ehrgeizes ein wenig „rumbäbbln" kann.

bäbln

Der Sachse „bäbld“ gerne rum. Er ist leidenschaftlicher Hobby-Bastler, der in seiner Freizeit schraubt, feilt, sägt, leimt. Er fummelt eben allzu gern, der alte „Bäblor“. Und am Ende kommt fast immer was Schönes dabei heraus.

Baddsch, dor

Es ist nicht ratsam, in Steckdosen zu fassen. Denn sonst kriegt man „än Baddsch“! Allerdings kann man auch einen solchen bekommen, wenn man in eine etwas zu engagierte Streiterei gerät und sich plötzlich eine Ohrfeige fängt. Nicht immer braucht es Strom, um „eene gebaddscht“ zu bekommen.

barbs'sch

„Barbs'sch“ ist die ebenso legere wie elegante Abkürzung für barfuß. Das ist gesund und unkonventionell, man kann darunter aber auch intime Kuscheligkeit und Geborgenheit verstehen. Also – befreit eure Füße!

Bibbus, dor

Wenn der Sachse einen „Bibbus“ verlangt, dann geht es weder um Hobbits noch um eine spezielle Medizin oder irgendwas zu essen. Ein „Bibbus“ ist ein kleines Teil, wie ein Schräubchen oder auch ein kleiner Stift. Sachen, die man so oft bei LEGO oder IKEA braucht, die aber oft genug einfach fehlen.

Blaadsch, dor

Ein „Blaadsch" bezeichnet den, der anderswo Lulatsch genannt wird – einen langen Menschen. Das Wort klingt schon lang und kann vom Sprecher noch um das eine oder andere a gestreckt werden, je nach Körpergröße des Bezeichneten. Perfiderweise kann „Blaadsch" jedoch auch als Synonym für Tollpatsch stehen und schon ist man nicht groß, sondern nur „ä Dussldier", „Gnusborgobb", „Hirni", „Laggaffe" oder „Glabbsor". Vollkommen unabhängig von der Körperlänge.

Blumbe, de

In Sachsen sagt man zur Pumpe: „Blumbe". Wenn ziemlich Druck auf der „Blumbe" ist und das Wasser schwallartig herausschießt, dann schreit der Sachse: „Mensch, die Briehe gommd abor nausgeblumbd!" Allerdings kann „blumbn" auch für gieriges Trinken stehen.

Kommt ein Mann in den Supermarkt: „Guten Tag, ich hätte gerne einen halben Salatkopf." Darauf die Verkäuferin: ***„Momende ma. Da muss'sch ma im Lahcher guygn."*** *Im Lager trifft sie auf den Marktleiter:* ***„Chef, da draußn is ä Gnusborgobb, der willn halben Saladgobb goofn!"*** *Da merkt die Verkäuferin, dass der Kunde direkt hinter ihr steht: „Und dieser nette Herr hier, der will die andere Hälfte."*

bomforzionös

Das klingt ein bisschen französisch und ist es „annefor-sisch“ auch. Dieser Ausruf kann voll grenzenloser Bewunderung sein, aber auch spöttisch gemeint für einen allzu eitlen Menschen oder wenn es sonst zuviel des Guten ist. Das ist dem bescheidenen Sachsen nämlich abhold. Deshalb ist durchaus Vorsicht geboten, wenn man in Sachsen mit diesem Wort konfrontiert wird: Es könnte im Lob auch ein ordentlicher „Schwubbser“ Kritik enthalten sein.

Bumborn, de

Wenig liebevolle Beschreibung für wollene Unterhosen, die in Größe und Form dem Träger oder der Trägerin weder schmeicheln noch deren sexuelle Attraktivität steigern. Aber gut, solange man nicht vorhat, die Hosen auszuziehen, ist es wenigstens warm. Und was man nicht sieht ... Dennoch: Schön ist anders.

buzeln

Sich „einbuzeln“ ist der sächsische Ausdruck fürs Kuscheln. Eigentlich ist es sogar eine Steigerung des Kuschelns, sozusagen die Idealform ... der Himmel auf Erden.

Däschdlmäschdl, äs

Bei einem „Däschdlmäschdl“, also dem hochdeutschen Techtelmechtel, geht’s um mehr als nur ums „Buzeln“. So schön es aber auch sein kann, wehe, wenn so ä „Däschdlmäschdl“ herauskommt. Dann heißt es „uffbassn, glei gommd dr Große un haud dir eine nah!“ Aua.

drämmln

„Saache ma, bisde immor noch am Drämmln?", fragt die sächsische Mutter ihr Pubertier. Dabei hat „drämmln" überhaupt nichts mit erwachender Sexualität zu tun, sondern es ist die liebevolle Umschreibung fürs Tagträumen. Und so kann man die besorgte Mutter beruhigen: Wer träumt, der macht – zumindest kurzfristig – keinen Unsinn.

Ei forbibbsch – der Mythos

Am Ausdruck ***„ei forbibbsch"*** *– na so was aber auch! – scheiden sich die sächsischen Geister. Viele verweigern diesem Ausdruck rundweg die sächsische Staatsbürgerschaft. Dabei gilt er Nicht-Sachsen als besonders charakteristischer Ausdruck. Wie konnte es dazu kommen? Woher kommt der Ausdruck? Wer hat ihn erfunden? Die Anfänge verlieren sich im Nebel der Sprachgeschichte – aber eins lässt sich feststellen: Noch zu Beginn des 20. Jahrhunderts wurde dieser Ausdruck offenbar problemlos verstanden. Und ist mittlerweile einfach aus der Mode gekommen – und damit haben wir wohl tatsächlich einen echten und wirklich bedrohten sächsischen Ausdruck.*
Ei forbibbsch!

friemln

Wer „friemlt", der ist anders gesagt „ä rischdscher Bäblor". Also einer, der alles Mögliche in seinem Hobbykeller treibt, um Nützliches, Kitschiges und Schönes zu erschaffen – mit dem großartigen Nebeneffekt, sich und seiner Frau sowie seiner gesamten „Bagahsche" die Ruhe zu gönnen, die alle verdient haben. Und so lautet die Antwort auf die Frage: „Wo issn dor Vahdie?" ganz oft: „'Schgloobe, der is im Gellor un friemld an ärchndwas rum!"

Gaddschor, dor

„Dor Gaddschor" bezeichnet das klassischste Spielzeug eines jeden sächsischen Jungen: das Katapult. Einfach in der Herstellung und in der Handhabung, verspricht ein „Gaddschor" Vergnügen und Kurzweil für lange Zeit. Und das ganz ohne Strom oder Batterien. Man braucht dazu nicht mal WLAN oder eine App. Und wenn mal irgendwas zu Bruch geschossen wird: Nu ja – irgendwas ist ja immer.

gaddschn

„Hehre off midd gaddschn! Mior falln de Ohren ab!", sagt die Mutter zu ihrem Kind. Denn wer so laut schmatzt, dem müssen mal ordentlich die Leviten gelesen werden. Gute Manieren sind schließlich ein wichtiges Rüstzeug fürs Leben. „Schließlich simmer hier ja nich in Schiena – da gannsde sowas machn." Mancherorts hört man den Ausdruck auch als „geddschen" *(siehe S. 47)*.

gambln

Der Kampf Mann gegen Mann wird in Sachsen „gambln" genannt – der Sache angemessen gern mit einem harten, „gnallenden" g ausgesprochen – und da geht's meist richtig zur Sache. Mit Fäusten, Füßen und notfalls allem, was gerade so rumliegt. Wenn der Sachse zu „gambln" beginnt, dann sollte man unbedingt versuchen, die Angelegenheit gütlich zu klären. Beschwichtigende Argumente oder noch besser ein Bier, notfalls schlichte Flucht, können das Schlimmste verhindern.

Gähsegliddschor, dor

Das Quarkkeulchen oder besser „Gworggeilschn" ist eine beliebte Backware in Sachsen und wurde ja in diesem Buch schon mal erwähnt *(siehe S. 48)*. Die Bezeichnung „Gähsegliddschor" ist aber einfach zu schön, um unerwähnt zu bleiben.

Geigl, dor

„Geigl" oder auch „Fehds" *(siehe S. 113)* sind allerorten beliebt, denn der Sachse hat einen ausgeprägten Sinn für Humor, lacht überdurchschnittlich viel und macht sowieso gern Quatsch oder Blödsinn. Dabei ist die Frage nach dem Niveau der Scherze gewöhnlich zweit- bis drittrangig. Hauptsache „lusdsch"!

gluggorn

„Durschd is schlimmor als Heimwäh!" – das ist ja hinlänglich bekannt. Nun kann man normal trinken oder sich das Gesöff mit Schwung in den Rachen schütten. Letzteres beschreibt „gluggorn" sehr treffend und schön onomatopoetisch – auf Sächsich „ohnomadoboedisch". So wird das gierige Trinken zum sinnlichen, audiophilen Genuss. Für sowas eignet sich das Sächsische wie keine zweite Sprache.

gnaubeln

Wer „gnaubelt", der hat eine gewisse Unruhe im Mund. Immer wieder ist die „Fuddorluhge" in Bewegung. Die Zähne beißen auf die Lippen, nagen am Innnenfleisch der unteren Vorderlippe oder auch der Wange und „gnaubeln" so unaufhörlich vor sich hin. Besonders zu beobachten bei kniffligen Aufgaben, beim Fernsehen oder bei schlichter Langweile. Auch neben einer Hühnerbraterei – denn bei „Broilern" kann man das Fleisch hingebungsvoll von den Knochen „gnaubeln".

gnibbln

Wer „gnibbld" braucht Geduld. Am besten viel davon. Dann löst er auch die kompliziertesten Angelegenheiten. So wird ein viel zu fest gezogener Knoten „aufgegnibbld" oder der Faden aus einem Garnknäuel „rausgegnibbelt".

Gnibbl

*„**Gnibbl**" – das klingt bedrohlich, denn es erinnert sehr an die hochdeutschen Knüppel und die stehen ja nun nicht unbedingt für Dinge, die einen zum Schwärmen bringen. Wer hat schon Lust auf eins mit dem Knüppel? Ganz egal, wer den Knüppel schwingt – Polizei, Hooligans oder der Weihnachtsmann: da steht nun wirklich keiner drauf. Aber auf diese „**Gnibbl**" schon, die wecken sogar Sehnsucht! Denn das waren die besten Brötchen der Welt. Es gab sie in der Bäckerei in meiner Straße in Leipzig; sie waren nicht klassisch rund, sondern länglich geformt und sahen in der Tat wie kleine Knüppelchen aus und schmeckten unnachahmlich „**legger**", der Himmel auf Erden. Mir ist eigentlich jegliche Ostalgie fremd, aber unsere guten alten Ost-Brötchen, die werden wohl nie erreicht und diese „**Gnibbl**" gleich gar nicht. Es war eben doch nicht alles schlecht – zumindest hier stimmt der Spruch mal uneingeschränkt.*

gnubbeln

Hier reden wir von einer weiteren Variante des „Friemlns", „Gnibblns" oder„Bäblns". Brauchen wir denn noch eine? Oh ja, durchaus, man formuliert doch gern präzise: „Saache ma, hasde dem sei Audo och richdsch an de Gubblung rangegnubbld?" Langweilig wird die sächsische Sprache nie.

Goffor schdehn lassn

Wenn man sagt, dass jemand „än Goffor schdehn lassn“ hat, dann soll nicht auf Vergesslichkeit hingewiesen werden, nein, es handelt sich ja nicht mal um einen Koffer. Sondern vielmehr wird die hinterhältige Form der Flatulenz beschrieben, die geräuschlos und darum in ihrer olfaktorischen Wirkung umso heftiger und auffälliger ist.

guddeln

Schon wieder geht es ums Trinken. Und wieder um das schnelle und durstige Trinken. Merke: Wenn der Sachse so richtig Durst hat, da blüht die Sprache, da explodieren die Vokale, da schwingen die Konsonanten, da ist der sprachlichen Phantasie keine Grenze gesetzt – so klingt wahre Leidenschaft.

gulgsn

Ist die kaum für möglich gehaltene Steigerung des „Gluggorns“. Denn damit es „rischdsch gulgsd“ wird so schnell geschluckt, dass im Hals ein „Gulgs“-Geräusch entsteht. Es „gulgsd“ nicht bei jedem, das muss man schon können. Fast eine olympische Disziplin.

Haderlump, dor

Ein Schimpfwort, denn der so Bezeichnete ist ein Taugenichts, ein Lump, ein schlechter Mensch. Eigentlich war ein „Haderlump“ einst ein obdachloser Lumpensammler, heute könnte, zumindest theoretisch, jeder ein „Haderlump“ sein. Die Zeiten ändern sich.

hähbäbeln

„Hähbäbeln“ ist die liebevoll-verspielte Umschreibung für Sex, der auf schönste lautmalerische Weise die Freude, das lustvolle Erleben und auch das Fantasievolle daran zu gleichen Teilen bedient. Blanke Poesie!

Lauserääddsch, dor

Ein „Lauseräddsch“ ist nicht etwa ein Tier und auch kein sächsischer Friseur, sondern nur ein fauler und egoistischer Mensch, ein Schnorrer und Angeber, der sich bei allen unbeliebt gemacht hat. Damit nicht noch mehr Mitmenschen auf so einen reinfallen, wird ganz klar benannt, was das für einer ist – ein „Lauseräddsch“ eben. Was für ein Etikett!

Ein Mann läuft über ein Feld. Da ruft ihm der Bauer zu: ***„Mechdn Sie elendr Lauseräddsch nich oochnbligglich von meim Aggrr nunndor gehn!? Ich soll Sie wohl middr Rahdehagge uffn Nischl dibbn, dass Sie's Gehärne um dä Ohrn schbrizzd! Frdimmich nochämal!!!“*** *„Entschuldigen Sie, ich wusste nicht, dass das Betreten des Feldes verboten ist.“* ***„Na ähm drum! Desdorwäächn saache ich's Ihn ja ärschdema im Guudn!“***

Leggo Mio

Bei all den bedrohten Wörtern hier etwas zur Beruhigung all derer, die das Sächsische kurz vor dem Aussterben wähnen: Was hier so mittelmeerisch angehaucht daherkommt, ist ein echter deutscher Klassiker. Diese moderne Variante des berühmten Götz-von-Berlichingen-Zitats hat in den letzten Jahren in ganz Sachsen rasende Verbreitung gefunden. Meist ein Ausruf der Be- oder auch der Verwunderung, ist es durch die pseudoitalienische Verballhornung regelrecht gesellschaftsfähig. Klingt ja auch wie eine Opernarie: ***„Ooooh leggo miooo!"***

Mäffdl, äs

Der Trabbi 601 war ja das DDR-Auto schlechthin. Ob man ihn nun mochte oder nicht: Der „Zwiggauer Flischtlingsgoffor" war beliebt und begehrt. Aus heutiger Sicht ist dieser fahrbare Untersatz eine ziemliche Katastrophe in Sachen Sicherheit, Fahrkomfort und Design. Aber es ging noch weitaus heftiger, zum Beispiel mit dem SIMSON DUO, einem Kraftfahrzeug für Behinderte, im Grunde ein dreirädriges Moped mit einer hässlichen Plane als Fahrgastraum. Man nannte dieses Gefährt in Sachsen nur „Mäffdl". Oder steckt dahinter die Abkürzung MAW für den VEB Messgeräte- und Armaturenwerk „Karl Marx"? Wie auch immer – das Ding war zu hässlich, um als Auto durchzugehen und zu klein, um bequem drin zu sitzen. Eben ein „Mäffdl"! Ebenso liebevolle Alternativbezeichnungen waren „Hienerschregg" oder „Haggenwärmer".

Muggefugg, dor

Der Sachse ist ein geradezu fanatischer Kaffeeliebhaber, man redet ja auch nicht umsonst vom Kaffeesachsen. Selbst Ersatzkaffee wie Malzkaffee, sprich „Muggefugg", erfreut sich einer gewissen Beliebtheit, obwohl er ja nur sehr entfernt an echten Kaffee erinnert. Da kommt dann eben ein ordentlicher „Schwabbs" Milch rein und reichlich Zucker und vielleicht noch „n Stigge Eierschägge". Und schon macht der Sachse wieder mal das Beste draus – das kann er ja.

Nabbsilze, de

Eine „Nabbsilze" ist ein Blödian, ein Idiot oder auch nur ein alberner Mensch. Wobei ein gewisses Maß an Sympathie, ja sogar Bewunderung in diesem Wort mitschwingen kann.

nuhdschn

Man kann es am besten mit Bonbons. Oder mit Lutschern. Babys „nuhdschn" gerne an der Mutterbrust. „Nuhdschn" ist gleichbedeutend mit lutschen, aber der Sachse ist viel zu sinnlich, um das Wort mit einem „l" beginnen zu lassen. So kann man doch nicht „richdsch nuhdschn!"

Offwasch, dor

Abwaschen oder aufwaschen? Das ist dem Sachsen völlig klar: „Na, Muddie, mussde nachher noch offwaschn?“ Muddie: „Nee, sch’hab doch ne Schbiehlmaschine, mei Gleenor!“

Oorschwerbleede

Stau, Post vom Finanzamt, keine Internetverbindung, kaputte Waschmaschine – Verzweiflung ist auch dem Sachsen nicht fremd. „Oorschwerbleede“ ist dann der beliebteste sächsische Aufschrei, um seinem Herzen etwas Luft zu machen. Und schon lässt sich alles leichter ertragen, man kann quasi sofort an die Problemlösung gehen und sich erfolgreich gegen das Schicksal stemmen.

Rahdehugge, de

Hierbei handelt es sich um die Harke aus dem Kleingarten, die dem Sachsen nicht nur beim Umgraben hilft, sondern auch bei der Verteidigung gegen unliebsame Zeitgenossen: „De grischsd een middor Rahdehugge!“

„Endschuldschn Se, wissn Se dähn Wääch zum Radhaus?“ *„Nein, leider nicht.“* **„Da missn Se dord de erschde Schdraße rächds nei gehn un dann de nächsde widdr lings, und dann sähnses schon!“**

Ranziehguggor, dor

Hat es je ein schöneres und deutlicheres Wort für das gute alte Fernglas gegeben? Da hat selbst eine alternative Bezeichnung wie „Guggelofon" keine Chance. „Ranziehguggor" ist einfach nicht zu schlagen. Um solche Worte beneiden alle anderen uns Sachsen. Verständlich.

Rock'n'Roll vs. Lipsi

Der sprichwörtliche sächsische Erfindergeist trieb zu DDR-Zeiten manchmal auch seltsame Blüten: Im Jahre 1959 erfanden der Komponist René Dubianski und das Tanzlehrer-Ehepaar Helmuth und Christa Seifert einen neuen Tanz, der nach dem lateinischen Namen seines Entstehungsorts Leipzig (Lipsia) **Lipsi** *genannt wurde. Er war im 6/4-Takt geschrieben, sollte die ostdeutsche Jugend begeistern und vor kapitalistischen Fehltritten bewahren. Als sozialistischer Gegenentwurf zum Rock'n'Roll der dekadenten westlichen Welt, in Auftrag gegeben von ganz oben. Bill Haley, Elvis Presley, Buddy Holly und Konsorten sollten erzittern! Blöderweise war der* **Lipsi** *nicht wirklich leicht zu tanzen und obwohl es sogar ein Lied dazu gab – der Jungstar Helga Brauer sang: „Heute tanzen alle jungen Leute im* **Lipsi***-Schritt, nur noch im* **Lipsi***-Schritt..." – wurde er ein Flop. Beileibe nicht der einzige Missgriff der sozialistischen Führung, aber mit Sicherheit der lustigste.*

Reformande, de

Eine „Reformande" ist allenthalben unbeliebt, denn einen Verweis, eine Zurechtweisung oder eine Strafpredigt kriegt keiner gern, unabhängig vom Alter. So ist es kein Wunder, dass es das „bedrohteste sächsische Wort 2017" geworden ist. Sowas verdrängt man nun mal am liebsten.

Schachd, dor

„Mach den Schachd zu!" – ja, halt gefälligst den Mund! Da kommt ja sowieso nur Quark aus dem „Schachd". Deswegen weniger reden, mehr essen. Aber auch da gelangt meistenteils nur Mittelmäßiges in den nicht allzu wählerischen „Schachd". Darum wird er ja auch so genannt.

schdärbschn

Der Sachse verniedlicht alles und jeden *(siehe S. 61)* und so macht er sogar vor dem Tod nicht halt. Das Diminutiv macht eben alles leichter und harmloser, das ist dem weisen Sachsen längst klar. Und „schdärm missn mer alle!"

Zwei Männer kommen auf einer Parkbank ins Gespräch. **„Sie hamm iebrichens gollosale Ähnlichgeed midd meiner Frau ... bis offn Schnurrbard nadierlich!" „Aber ich habe doch gar keinen Schnurrbart!" „Das schdimmd. Awwr meine Frau hadd een!"**

Schderze, de

Auf Hochdeutsch würde man es wohl Sterze oder Stürze schreiben. Das erklärt aber noch immer nicht, was das sein soll. „De Schderze" ist der Topfdeckel, den man „stürzen" kann, wenn z.B. das Kartoffelwasser abgegossen wird. Ist doch logisch, oder?

schdreusln

Der Sachse kennt viele Worte, um das kleine Geschäft zu beschreiben: „schiffn", „sehchn", „bullorn". Beim „Schdreusln" geht es eher um die gemütlich-verlangsamte Verrichtung, die vor allem bei Senioren in Anwendung kommt. Das kann dauern, aber man hat ja auch Zeit. Zum Glück.

schlahn

„Gambeln un globbn", auch das gibt's in Sachsen. Es gibt eben überall irgendwelche jungen ungestümen Hallodris, die keiner Kneipenschlägerei aus dem Wege gehen.
Und da wird sich gegenseitig munter „off de Riebe geschlahn!". Schade ums Testosteron.

Schnaube, de

Jetzt wird's ein bissel unappetitlich. Denn die „Schnaube" ist der Rotz, der einem aus der Nase läuft, wenn man starken Schnupfen hat und der ab und an geräuschvoll hochgezogen wird.

Sgladschglei

Dieses Wort ist keine Stadt in Tadschikistan, sondern die unmissverständliche Androhung roher Gewalt, wenn nicht sofort Ruhe einkehrt. Auch bekannt als „Fratzengeballer“, „Blutpolka“ oder „Fäustekirmes“. Diese lautmalerische Beschreibung mit Hinweis auf ein zu erwartendes Handgemenge gipfelt in der Ankündigung: „Sgladschglei! Abor geen Beifall!“ Da spricht jemand auf subtil-satirische Weise Tacheles. Danach gibt's allerdings nichts mehr zu lachen.

Tschitscheriengrien, äs

Diese eigenartige Bezeichnung beschreibt das merkwürdigste Grün auf der Farbenskala. Ein saftiges Grün mit einem Schuss Gelb. Oder mehr ein Olivgrün, allerdings etwas heller? Oder auch so ein Blaugrün, beinahe schon Türkis? In Wahrheit gilt es für alle schwer definierbaren Grüntöne, die man in Bausch und Bogen als „Tschitscheriengrien“ etikettieren kann. Damit ist man, zumindest in Sachsen, immer auf der richtigen Seite. Kurz: „Tschitscheriengrien“ ist die wahrscheinlich sächsischste Farbe der Welt.
Und noch dazu das „bedrohteste sächsische Wort 2010“. Sollte man unbedingt retten!

Umboochn, dor

Man kann geradeaus fahren, aber auch nach links und rechts, rückwärts geht selbstverständlich auch. Falls Sie aber schnell ans Ziel wollen, sollten Sie darauf achten, keinen „Umboochn" zu fahren, also einen Umweg. Das könnte dann ähnlich umständlich werden wie dieses Wort.

Umboochn – völlig ungewollt: Porto oder Bordeaux

Dass der Sachse nicht überall so einfach verstanden wird, das ist ihm mittlerweile bewusst und das ist er auch gewöhnt. Aber manchmal lauert das Missverständnis da, wo man es nun wirklich nicht vermutet. Das zeigt diese Zeitungsmeldung:

„Stuttgart – Eine Frau (53), die aus Sachsen stammt, wollte am Stuttgarter Flughafen einen Flug nach Porto (Portugal) buchen. Doch die Mitarbeiterin des Reiseunternehmens verstand wegen des Dialekts Bordeaux (sprich: Bordo) und stellte ein Ticket nach Frankreich aus. Die Kundin klagte, jetzt entschied das Amtsgericht Stuttgart: Die Frau muss den Flug bezahlen." – Der Richter war eindeutig kein Sachse, sondern Schwabe. Die Welt ist ungerecht!!

urschn

Das war in der DDR eine Todsünde. Denn in dieser Zeit des Mangels Lebensmittel o.ä. zu vergeuden oder zu verschwenden galt als kopf- und hirnlos und wurde stante pede und ganz allgemein gerügt: „Hehre off midd urschn. Bisde denn du nur bleede?“

urst

Wenn irgendwas oder irgendwer „urst“ ist, kann man davon ausgehen, dass alle Anforderungen maximal erfüllt sind. Denn „urst“ ist nichts anderes als ein universell einsetzbarer Superlativ. Es soll sich angeblich von der Vorsilbe ur- ableiten. „Urst“ schön, „urst“ groß, „urst“ toll. Aber auch für negative Attribute wie „urst“ fies oder „urst“ blöd wird es verwendet. „Urst“ kann sogar für sich alleine stehen. Dann ist es eindeutig positiv und bedeutet mega, krass oder awesome, nur ist es nicht ganz so hip. Schade eigentlich.

vorblämborn

Hoffentlich „vorblämborn“ Sie niemals Ihre Zeit, denn Sie bekommen sie dummerweise nicht zurück. Egal, ob unschuldig „vorblämbord“, wie auf Bahnhöfen und in Wartezimmern oder bewusst, wie beim Fernsehen oder Rumgammeln. Wenn Sie jedoch ein Buch lesen und sei es nur dieses, dann ist das nie „vorblämborde“ Zeit.

vorhohnebiebln

Der Sachse gilt als überaus duldsamer, entspannter und freundlicher Mitmensch. Aber „verhohnebiebld“, also veralbert werden, das mag er dann doch nicht.

Weltgewandt und international: Geddwursd, Griledda und Popgymnastik

Wie schon an anderer Stelle gesagt: Die DDR gab sich größte Mühe, nicht etwa provinziell, sondern höchst weltgewandt und international zu wirken. Hamburger, Hot Dog, Aerobic? Na klar, das konnte man doch auch, nur etwas anders. Es sollte ja nicht gleich auffallen, wo man sich inspirieren ließ. So gab es zum Beispiel die sogenannte Ketwurst, auf sächsisch **„Geddwursd“***. Eine Art Hot Dog auf sozialistisch, aber durchaus lecker. Und der Name? Ein Kofferwort aus Ketchup und Wurst – Ketwurst. Da muss man erst mal draufkommen!*
Oder die Grilletta beziehungsweise **„Grilledda“***: eigentlich nichts anderes als ein simpler Hamburger. Doch Hamburg lag ja im Westen, deswegen musste dieser krude Name her. Das tat der Beliebtheit allerdings keinen Abbruch, der Name schmeckte ja nicht durch, Gott sei Dank. Und auch die Aerobic-Welle der Achtziger erfasste die DDR. Das hieß dann natürlich nicht Aerobic, sondern ganz lyrisch „Popgymnastik“ und wurde mit DDR-Beat von den Puhdys und Karat unterlegt. Ging auch. Rückblickend ist der Kampf der Arbeiterklasse um alternative Bezeichnungen schwer zu begreifen, aber eigentlich äußerst komisch.*

Dor Saggse saachd – Der Sachse meint

Isch mache misch doch hior nisch zur Feile!	*Ich werde hier nicht mehr arbeiten als verlangt.*
Du älendor Lauseräddsch, hassdewohl midm Offwaschwassor gegurschld?	*Sag mal, du Halodri, hast du noch alle Tassen im Schrank?*
Mache gee Gemähre! Verhohnebiebln gönn mir uns alleene!	*Rede keinen Unsinn! Veralbern können wir uns alleine!*
Dorhirz dich nich. Dringgen mer erscht ämol ä Scheelchen Heeßen.	*Immer mit der Ruhe.*
Bisde fertsch midd Schdreusln?	*Na, du brauchst aber viel Zeit zum urinieren.*
Mache geen Umboochn!	*Nimm den direkten Weg!*
Oorschwerbleede!	*Ich glaub, mich tritt ein Pferd!*

Quiz

Kannst du's mit den Sachsen?

1. Ein *Gespräch* beginnt der Sachse mit ...
   a) Se wern endschuldschn ...
   b) Hallou ...
   c) Ssssou ...

2. Wie nennt der Sachse einen Menschen, der ihm *lieb und teuer* ist?
   a) mei Gleenor
   b) mei Besdor
   c) mei Guhdsdor

3. Was ist ein *Gombleggdeschachd*?
   a) eine Vorrichtung in Restaurants
   b) wenig liebevolle Bezeichnung des Mundes
   c) ein altes Kellergewölbe

4. *„Gugge ma, den sein Bonbon!"*, bezeichnet ...
   a) ein Lutschbonbon
   b) ein Parteiabzeichen
   c) ein Geschlechtsorgan

5. Über *starke Schmerzen* klagt der Sachse …

a) Mior duhn de Gnäbberzschn weh.

b) Mior is rammdeehs'sch in' Gobbe.

c) Mior duhd alles weh.

6. Wenn der Sachse sagt: *„Mei Nahbl gländsd!“* …

a) ist er satt

b) ist er krank

c) hat er sich eingecremt

7. Was meint der Sachse mit *„einholn“*?

a) Er muss das Auto überholen.

b) Er geht einkaufen.

c) Der Anker muss eingeholt werden.

8. *„Gohgln“* sollte man nicht. Warum?

a) weil es unanständig ist

b) weil man nicht so oft googlen sollte

c) weil man nicht mit Streichhölzern spielen soll

9. Was ist ein „*Mouhdschegiebschn*"?

a) eine Süßspeise

b) eine langer Rock

c) ein Marienkäfer

10. Der Sachse *verabschiedet sich* gerne mit den Worten …

a) Wiedorsehn!

b) Schissie!

c) Machs Addsche!

Lösung: 1. c, 2. c, 3. b, 4. b, 5. a, 6. a, 7. b, 8. c, 9. c, 10. c